DES TURBINES,

DE LEUR CONSTRUCTION,

DU CALCUL DE LEUR PUISSANCE.

IMP. DE HAUMAN ET Cie. — DELTOMBE, GÉRANT
Rue du Nord, No 8.

DES TURBINES,

DE LEUR CONSTRUCTION,

DU CALCUL DE LEUR PUISSANCE

ET DE

LEUR APPLICATION A L'INDUSTRIE ;

PAR J.-C. HOUZEAU.

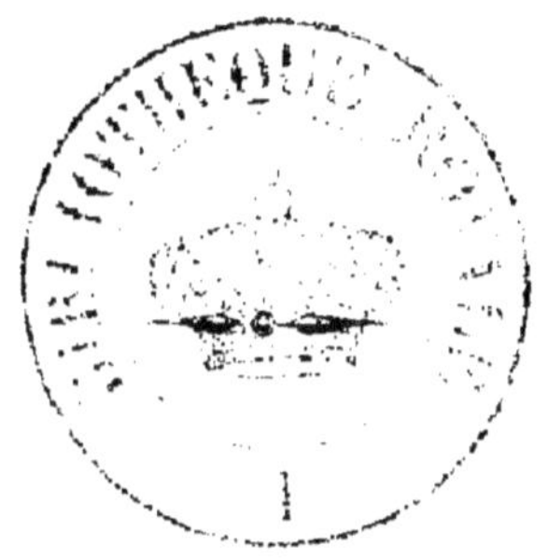

Bruxelles.

SOCIÉTÉ BELGE DE LIBRAIRIE,

HAUMAN ET C⁽ᵉ⁾.

———

1839

INTRODUCTION.

COMMENT SE DÉTERMINE LE DEGRÉ D'IMPORTANCE RÉELLE
DES AMÉLIORATIONS INDUSTRIELLES.

Lorsque la civilisation eut développé chez les peuples des besoins plus nombreux et plus variés, l'industrie, pour y satisfaire, dut se créer d'autres ressources, de nouveaux moyens. La concurrence que les produits se faisaient sur les marchés contribua encore à exciter l'émulation des entrepreneurs. Bientôt des hommes de génie ou de science voulurent doter l'industrie d'inventions et de perfectionnements divers. On proposa pour les différents procédés industriels, pour les différentes branches de fabrication ; des méthodes, ou seulement simplifiées dans quelques-unes de leurs parties, ou même modifiées dans leur base. Tantôt c'était un nouveau moteur que l'on offrait à l'industrie, et tantôt de plus modestes innovateurs enseignaient à rendre plus efficaces les récepteurs de la puissance, moins dispendieux les organes qui transmettent la force, plus convenables les outils qui opèrent et qui confectionnent.

Dans ces derniers temps, cette tendance de certains esprits vers les améliorations industrielles a pris un accroissement immense. De toutes parts on est venu offrir à l'industrie des sources et des procédés nouveaux de travail. Nous avons été, certes, redevables de bien des perfectionnements à ces innovations; mais toutes n'avaient pas le même degré d'utilité, toutes même n'étaient pas avantageuses.

Aujourd'hui que le développement acquis à l'industrie et à tout ce qui s'y rapporte, à tout ce qui y touche, nous a mis à même de juger convenablement les faits, et d'apprécier avec justesse les circonstances, examinons ce qui se passe lorsqu'une amélioration est proposée à l'industrie. Une invention se produit : parmi les établissements industriels auxquels elle peut être appliquée, les uns l'adoptent, et c'est le petit nombre, — les autres n'en continuent pas moins à suivre la marche ancienne. Or, voyons quels sont, pour les uns et pour les autres, les résultats généraux de leurs idées progressives, ou de leur attitude stationnaire.

Les usines qui s'étaient décidées à faire usage du nouveau procédé parvenaient le plus souvent, nous dirons même presque toujours, à donner à leurs produits un certain genre de supériorité sur les productions des autres établissements. Et cependant quelques-unes d'entre elles ne tardaient pas à ressentir de la gêne, et finissaient quelquefois par être obligées de suspendre leurs travaux.

De semblables événements rendaient les entrepreneurs plus timides et plus défiants dans le choix des perfectionnements qu'on leur présentait ; mais cette incertitude et cette crainte ne pouvaient pas seules être la cause de la persistance de certains industriels dans les anciens procédés. On ne pouvait pas non plus supposer que l'indifférentisme, l'insouciance et l'apathie fussent poussés aussi loin chez des hommes souvent instruits et intelligents.

Il y avait, dans ce mouvement progressif ou dans cette position d'arrêt des établissements industriels, des causes diverses, des actions particulières, dont il n'était possible qu'avec le temps de connaître l'étendue et l'enchaînement. Il y avait dans le désavantage d'adopter des perfectionnements cependant bien démontrés, et dans l'utilité de conserver

les anciennes méthodes, une anomalie apparente,
une difficulté d'explication qu'il eût été utile d'éclair-
cir et de faire disparaître.

Trouver les cas où une innovation, bonne et avantageuse en théorie, n'est plus une amélioration dans
la pratique, et ceux où elle est encore utile dans
l'application, c'est trouver la mesure d'après laquelle
se détermine l'importance réelle et finale d'un progrès industriel.

On sait que, quand une quantité moindre de travail est devenue suffisante pour arriver au même résultat, pour procurer l'obtention d'un même produit, on sait, disons-nous, que dans ce cas on a
atteint un véritable progrès industriel. L'avantage
est réel, en effet, puisque le producteur a dépensé
moins pour recevoir une somme égale. Et lorsque
l'invention, en se répandant et en donnant ainsi
naissance à la concurrence, détruit le monopole,
le gain possible est obtenu au profit de la classe des
consommateurs en général. Dans tous les cas, — et
c'est là l'un des plus beaux résultats des améliorations industrielles, — il y a avantage plus ou
moins direct pour la société tout entière.

Si, au lieu d'obtenir les mêmes produits d'une
même quantité de travail, on était parvenu à fabri-
quer plus au moyen de la même somme de travail,
le progrès serait évidemment le même. L'un de ces

résultats rentre dans l'autre. Tous deux se confondent, et sont, au fond, identiques. Ils ne diffèrent que par la manière dont on les envisage; mais, nous le répétons, ils sont identiques.

Lorsqu'un procédé nouveau est offert à l'industrie, le premier point est d'examiner si ce procédé — en lui-même — peut servir à atteindre ce but, s'il simplifie la tâche de la machine à laquelle on veut l'appliquer, s'il améliore son action, en un mot s'il rend son travail plus avantageux. Il est bien rare que les innovations proposées à l'industrie, — considérées d'une manière absolue, — n'atteignent pas ce but.

La bielle semblable à celle du rouet de nos fileuses, et le parallélogramme articulé, furent de grands perfectionnements dans la construction de la machine à vapeur; la substitution des roues unies aux roues dentées des locomotives marchant sur les chemins de fer, fut une innovation utile; les habiles moyens imaginés pour laver et pour épurer le gaz servant à l'éclairage furent aussi de véritables améliorations. On arriva à remplacer le charbon de bois par le coke dans le traitement de la fonte. Certains établissements adoptèrent ce nouveau mode, d'autres préférèrent demeurer fidèles à leurs anciens procédés. Les premiers purent baisser les prix des produits qu'ils fabriquèrent, et cependant la concurrence n'écrasa pas les anciens hauts fourneaux au bois.

Y avait-il là un désavantage pour les innovateurs? — Et sans doute ce n'était pas sans motif plausible que les établissements où la fonte est fabriquée au charbon de bois persistaient dans cette voie.

C'est ici une question où se présente déjà bien apparente l'influence que des circonstances extérieures diverses, que des considérations de dépenses et de localités, exercent dans de tels cas. On aperçoit déjà qu'il ne suffit pas de dire : Ce procédé permet de produire avec plus de facilité; il ne faut pas seulement considérer le perfectionnement proposé en lui-même, d'une manière absolue, il ne faut pas seulement examiner ce procédé quant à son action, on doit encore s'occuper des difficultés que l'on rencontrera à le mettre en usage, et considérer la manière plus ou moins énergique dont les besoins du commerce et du consommateur réclament le résultat qui sera atteint par son secours.

On n'introduit pas un nouveau procédé dans les usines sans être obligé d'y consacrer une certaine somme, de faire une certaine mise de fonds. Quand l'avantage absolu de ce procédé a été préalablement reconnu, il faut donc encore, pour en faire l'application à l'établissement que l'on exploite, ajouter de nouveaux frais aux frais que l'on a déjà faits en fondant cet établissement. On donne par là à l'usine une valeur plus considérable, et toute la mise de fonds supplémentaire que l'on vient de faire exige que sur les bénéfices nouveaux et plus nombreux que l'on réalise aujourd'hui on sépare d'abord les intérêts du capital primitif. L'excédant constitue le bénéfice additionnel; et si ce bénéfice supplémentaire n'est pas dans une proportion correspondante à celle du bénéfice primitif, il y a, selon que cette proportion est plus forte ou plus faible , véritable avantage, ou perte relative, perte finale.

Donnons un exemple qui éclaircira ce que ces premières notions ont de trop général. L'érection d'un moulin a coûté 5,000 francs ; l'intérêt payé par l'entrepreneur au capitaliste qui a fourni les fonds s'élève annuellement à 250 francs, et les bénéfices qui restent à l'entrepreneur, — ce premier intérêt payé, — montent à 500 francs. Ce profit représente donc 10 p. % du fonds employé.

On indique une modification dont la roue hydraulique qui fait mouvoir la meule de ce moulin est susceptible; et à l'aide de l'économie de force que ce procédé perfectionné permettra, on peut faire usage dans cette usine d'une meule plus grande et plus efficace. Mais, pour réaliser cette application, il est nécessaire de disposer d'une somme de 1,000 francs. L'entrepreneur doit maintenant payer au capitaliste un intérêt plus fort de 50 francs, ce qui revient pour lui à un premier débours de 300 francs au lieu de 250 qu'il donnait auparavant.

Mais maintenant, il est vrai, son moulin, au lieu de lui rapporter seulement 750 francs dont il lui en restait 500 de profit net, lui procure une recette de 850 francs. Si nous retranchons de cette somme les 300 francs qu'il doit pour l'intérêt du capital qu'il exploite, nous voyons que le bénéfice net s'élève à présent à 550 francs. Il y a donc gain absolu de 50 francs. Mais ne nous arrêtons pas encore ici.

Les 500 francs que le moulin rapportait auparavant à l'entrepreneur représentaient 10 p. % du capital engagé. Les 50 francs de bénéfice additionnel dus à l'emploi du procédé nouveau doivent être comparés à la somme de 1,000 francs qui avait été nécessaire à l'amélioration de l'appareil. Et l'on découvre alors que, tandis que l'usine ancienne donnait 10 p. % d'intérêt, ce que l'on appelait une amélioration ne donne que 5 p. %: si bien que les 6,000 francs dont se compose le capital total rapportent aujourd'hui à l'entrepreneur 550 francs: — intérêt total réparti sur la somme entière, 9 1/6 p. %.

C'est-à-dire que le moulin primitif rapportait,

d'une valeur moindre, 10 p. %, — et le moulin perfectionné, d'une valeur supérieure, un peu plus de 9 p. %.

Et si l'on eût possédé cinq moulins semblables ayant coûté chacun 5,000 francs, si l'on y eût introduit, au prix de 1,000 francs pour chacun d'eux, le même perfectionnement, on eût finalement placé ces 30,000 francs, — prix des cinq moulins perfectionnés,—à 9 1/6 p. % de bénéfice net; tandis que si l'on eût élevé un sixième moulin semblable aux cinq déjà existants, et dans lesquels on eût suivi encore les mêmes méthodes au moyen d'appareils semblables, l'entrepreneur eût retiré, — relativement aux mêmes 30,000 francs, — 10 p. % de profit net.

Nous laissons à juger maintenant si cette modification de l'appareil, que l'on était tenté de regarder au premier abord comme avantageuse, parce qu'elle procurait à l'entrepreneur un bénéfice effectif surpassant de 50 francs le bénéfice ancien ; nous laissons, disons-nous, à juger si cet avantage persiste dans l'application.

Évidemment non, car les fonds supplémentaires employés pourraient être placés dans le même genre d'industrie, *suivant les procédés non modifiés,* — à un plus haut intérêt!

Nous venons de considérer un exemple où il y

avait désavantage final à changer les appareils de l'usine. Cependant, il est clair que si la recette du moulin modifié se fût élevée à plus de 850 francs, ce désavantage se fût graduellement évanoui. A 900 francs de recette, toutes les considérations devenaient égales. Et au delà de cette somme il y avait bénéfice final et bien réel.

Résumons en quelques mots, quant à l'exemple dont il s'agit, les conséquences de l'introduction d'une telle modification, et rapprochons les différentes circonstances qui peuvent se présenter. Il est bien entendu que nous supposons, qu'après comme avant la modification des appareils de l'usine, la meule marche exactement pendant le même nombre d'heures, et sous l'action d'une chute dont tous les éléments de puissance demeurent parfaitement identiques. Toutes les questions d'ailleurs peuvent se ramener à celle-là, mais alors seulement les résultats sont comparables.

Le moulin avait coûté 5,000 francs, et produisait 750 francs de recette.

La modification qui a été opérée réclame une mise supplémentaire de fonds de 1,000 francs.

Si la recette n'atteint plus 750 francs, le procédé, considéré en lui-même, était désavantageux. Résultat final : *désavantage.*

Si la recette demeure constante à 750 francs, le procédé, considéré en lui-même, n'avait aucune valeur mécanique. Résultat final : *désavantage.*

Si la recette est comprise entre 750 francs et 900 francs, le procédé, considéré en lui-même, était avantageux, mais pas suffisamment pour justifier la mise de fonds qu'il exigeait. Résultat final : *désavantage.*

Si la recette atteint précisément 900 francs, le procédé était avantageux, mais, eu égard à la mise de fonds nécessitée pour l'établir, il n'avait qu'une valeur insignifiante. Résultat final : *ni désavantage ni avantage.*

Si la recette surpasse 900 francs, le procédé était en lui-même avantageux et méritait qu'on l'adoptât. Résultat final : *avantage.*

Les considérations qui nous ont amené à distinguer, dans l'établissement de modifications aux procédés de l'industrie, les cinq cas que nous venons d'analyser, sont applicables à tous les exemples de ce genre. Il n'y a de différences que celles qui doivent être inhérentes à la non-similitude des éléments numériques de la question.

L'intérêt que doit retirer le capitaliste lui-même varie suivant certaines circonstances diverses. Cet intérêt que l'entrepreneur doit solder est une véritable dépense pour lui. Ordinairement l'intérêt que le capitaliste retire d'une entreprise varie dans le même sens que celui qui demeure comme bénéfice à l'entrepreneur. Les intérêts de l'un et de l'autre étant alors communs, ils doivent tous les deux suivre la marche d'examen que nous avons essayé d'esquisser. Souvent aussi les qualités de capitaliste et d'entrepreneur se trouvent réunies dans les mêmes individus ; mais, ainsi que nous venons de le faire observer, il n'y a là que double motif de bien discuter les conditions de la question.

Dans le cas où il y aurait avantage final à établir le perfectionnement proposé, il faut tenir compte aussi des délais inégaux qui devront précéder sa mise en usage. Ce laps de temps durant lequel un avantage possible n'est point obtenu, ce retard apporté à la majoration des bénéfices, constitue une perte, une dépense véritable pour l'entrepreneur. On sait qu'il faut toujours payer par une augmentation d'intérêt le besoin *immédiat* d'un capital. Toutes les circonstances que nous avons citées, analysées avec soin, on trouvait cependant encore quelquefois un inconvénient réel à changer l'appareil actuel, parce qu'il n'est pas toujours dans les intentions, ni même dans les moyens d'un industriel, d'ajouter aux capitaux qu'il exploite déjà des capitaux supplémentaires qui élèveraient la valeur de son usine.

Qu'il nous soit permis, à propos de la difficulté dont nous venons de parler en dernier lieu et qui est certainement préjudiciable, puisqu'elle retarde la réalisation d'un véritable avantage, qu'il nous soit permis de faire une observation qui trouverait dans notre pays des applications nombreuses. Lorsqu'on crée un établissement industriel, on y consacre immédiatement la somme entière que l'on se dispose à employer à ce genre d'industrie, et l'on fonde ainsi une usine plus ou moins à la hauteur de la mécanique ou de la chimie du jour. Peu soucieux de l'avenir, on ne se demande pas comment on pourra y introduire des perfectionnements utiles à mesure qu'ils seront signalés. Arrive cependant le moment de modifier les appareils, arrive l'époque où, par une mise de fonds supplémentaire employée dans ce but, on pourrait atteindre un véritable progrès industriel. Le soin et l'empressement que le chef d'un établissement mettra à s'approprier une invention utile, lui procurera non-seulement un avantage réel permanent, mais aussi, pour les premiers moments, une sorte de monopole ou du moins de spécialité. Il aurait donc été bien avantageux de réserver pour le perfectionnement de l'usine une partie du capital, de se ménager un fonds de perfectionnement. Cette dernière partie, étant appliquée avec sagesse à des améliorations telles que nous les avons définies, serait évidemment la portion la plus productive de tout le capital. C'est elle qui donnerait aux usines ce degré de supériorité incontestable et absolue qui en décide le succès et la prospérité.

Nous venons seulement de parler de l'examen des conditions de dépenses; il est vrai de dire que ce sont celles qui forment la base de toute discussion de ce genre. Cependant seules elles ne suffiraient pas; il nous reste à ajouter quelques mots relativement à quelques autres éléments du problème. Si les premières étaient susceptibles d'être réduites, pour ainsi dire, en formules, ainsi que nous l'avons fait, ces derniers ont un caractère d'infinie variété, dépendant des temps et des lieux; ils sont aussi changeants que la quantité des consommations sur un point donné.

Ce n'est certes pas là une raison pour les négliger. Mais on ne peut s'exprimer aussi généralement à leur sujet. Aujourd'hui, pour telle usine, il appartient aux personnes seules qui connaissent et les marchés où cet établissement envoie ses produits, et les demandes réitérées ou les chômages habituels auxquels il donne lieu, de décider ce que les besoins du moment réclament. Faut-il des produits d'une valeur moins élevée quoique moins parfaits, ou bien peut-on en élever le prix pour leur donner plus de fini? Est-il nécessaire d'arrêter ou du moins de diminuer la fabrication, ou bien peut-on, doit-on même l'augmenter encore?

Nous demandons pardon des détails minutieux dans lesquels nous sommes entré ici, et surtout dans l'exemple dont nous nous sommes servi tout à l'heure. Mais c'est l'évidence que l'on trouve-à l'énonciation de certaines vérités qui fait que l'on croit y voir une surabondance de preuves.

Après cette profession de foi, et lorsque nous avons toujours émis et cherché à répandre des principes aussi libéraux en fait de modification aux procédés de l'industrie, nous espérons que l'on ne refusera pas de suivre avec nous l'examen d'une question particulière d'après ces règles générales. Nous parlons aujourd'hui des *turbines*, ces nouvelles roues hydrauliques qui résolvent — autant qu'il est possible dans la pratique — une vérité théorique de la science : la réception de l'eau sans choc et sa sortie sans vitesse. Nous espérons aussi qu'on ne méconnaîtra pas notre véritable intention en publiant cet écrit : le désir d'être utile.

I

CONSIDÉRATIONS GÉNÉRALES SUR LES TURBINES.

On donne aujourd'hui le nom générique de turbines aux roues dont le mouvement de rotation s'opère autour d'un axe dressé verticalement. La nécessité de recueillir une portion plus considérable de la force de l'eau avait engagé, sur l'indication de quelques spéculations théoriques, à adopter ce système de construction comme la base première que l'on devait travailler à perfectionner. Plusieurs turbines différentes ont été inventées dans ces derniers temps.

M. l'ingénieur Burdin en a construit dans lesquelles l'eau, reçue à la circonférence de la base supérieure d'un cylindre posé perpendiculairement, suit, dans des canaux tournés en hélice, la surface de ce cylindre, et s'échappe à la base inférieure.

Parmi les roues anciennes, les unes, favorables pour économiser l'eau, ne sont guère applicables qu'à des chutes assez fortes, et ne peuvent être animées que d'une petite vitesse, tandis qu'elles sont construites dans des dimensions considérables. D'autres, au contraire, susceptibles d'être employées pour de petites chutes, et capables de tourner avec une vitesse plus grande que les premières, exigent une dépense d'eau bien supérieure. D'autres, enfin, participent à la fois des avantages des premières et des inconvénients des secondes. Dans cette pénurie de moyens mécaniques propres à dépouiller l'eau avantageusement de sa puissance, pour la transmettre aux organes nécessaires à la production industrielle, on a imaginé une foule de dispositifs divers, on a modifié ces différents systèmes. De ce concours d'efforts est sortie la turbine de M. Poncelet dans laquelle le liquide, pris à la circonférence de la roue, la quitte au centre.

Des considérations synthétiques, le développement des principes mécaniques suivant une marche régulièrement progressive, pouvaient seuls conduire directement au but désiré. M. l'ingénieur Fourneyron a pris le problème, en quelque sorte, dans sa source, pour en développer méthodiquement la solution.

Il est parti de cette vérité scientifique que, pour obtenir d'une chute d'eau le plus grand effet possible, il faudrait recevoir l'eau sans choc dans l'appareil destiné à s'en approprier la force, et l'en faire sortir sans vitesse. Ces conditions, faciles à remplir s'il ne s'agissait que d'un filet fluide, présentent, dans l'application, des difficultés insurmontables. En effet, une masse d'eau, dont les dimensions sont un peu considérables, ne se comporte pas comme un simple filet. Une telle masse offre, dans son mouvement, une infinité de circonstances dont il est nécessaire de tenir compte.

Mais comment tenir compte de phénomènes qui échappent en partie à l'observation, ou dont nous ne connaissons pas entièrement les lois fondamentales. Dans l'état actuel de nos connaissances, il faut s'approcher, autant qu'on le peut, du but marqué à nos efforts ; mais il est impossible de prétendre à atteindre jamais parfaitement ce point idéal.

La turbine à laquelle M. Fourneyron a été amené par ses raisonnements pleins de sagacité, se compose d'un tambour ou tonneau ouvert par ses deux extrémités, et placé debout. Au-dessous de la base inférieure est posée, à plat, une roue pleine, plus large que le cylindre. Cette roue est un peu plus basse que le bord inférieur du tambour ; par conséquent, l'eau qui se précipite dans ce dernier par l'ouverture supérieure peut s'échapper à travers l'espace annulaire qui sépare le bord inférieur du cylindre de la surface de la roue, et jaillir, par là, en nappe circulaire. Comme nous l'avons dit, la roue est plus large que le tonneau; sur la partie qui déborde sont établies des planchettes courbes. Chaque filet de la nappe liquide tendant à passer dans une direction rectiligne, frappe les courbures des planchettes qui, faisant corps avec la roue, entraînent cette dernière dans un mouvement de rotation (1). Nous donnerons, plus loin, des détails plus circonstanciés sur la construction de la turbine Fourneyron. Nous avons seulement voulu ici en donner une idée générale.

Cependant ce n'était pas assez qu'avoir posé, par la théorie, les fondements de la construction d'une telle roue. Ainsi que l'on devait s'y attendre, beaucoup de difficultés allaient se présenter dans l'application. L'inventeur a consacré quinze ans à leur étude, et les a enfin résolues avec tant de bonheur et d'habileté, qu'il est parvenu à faire de son appareil la meilleure des roues hydrauliques.

Les avantages d'une machine sont d'autant plus grands qu'une partie plus considérable de la force

---

(1) Cette description de la turbine Fourneyron est extraite textuellement de l'article que nous avons publié à ce sujet dans le n° de l'*Émancipation* du 30 août 1858.

du moteur est transmise à l'outil qui exécute l'ouvrage. La turbine Fourneyron transmet à l'outil ou
opérateur, les *sept* ou les *huit dixièmes* de la force
qu'elle a reçue du cours d'eau. Susceptible de
prendre des vitesses variables, des vitesses énormes,
elle ne perd cependant rien de son action. Et, comme
il existe toujours pour l'outil une vitesse convenable,
de laquelle dépendent la quantité et la qualité des
produits, ces vitesses diverses permettent d'approprier, dans toutes les circonstances, la vitesse de la
roue hydraulique elle-même au genre de travail à
effectuer. Par là deviennent inutiles tous ces engrenages aujourd'hui destinés à imprimer à l'outil une
vitesse différente de celle de la roue réceptrice de
la puissance; tous ces engrenages où une partie si
notable de la force motrice s'absorbe et se perd
dans des chocs et des frottements continuels.

De plus, la portion du travail moteur communiquée à l'outil par l'intermédiaire de la turbine
demeure à peu près constante sous des chutes dont
la hauteur varie énormément. La turbine Fourneyron est de toutes les roues hydrauliques celle qui,
sous les moindres dimensions, le plus petit volume,
utilise la plus grande quantité d'eau. Et l'on remarquera, en outre, que le liquide qui la pousse ne
pèse presque point sur son axe.

Mais de tous les inconvénients des appareils

ordinaires le plus grave, sans doute, est de ne pouvoir employer la hauteur entière de la chute dans toutes les circonstances. En effet, que l'eau s'élève dans le bief inférieur, la base des roues sera forcée de plonger dans le liquide, et la partie noyée, ainsi entravée, ne fonctionnera plus qu'avec peine et avec perte. Veut-on alors relever la roue, il faudra encore élever avec elle le coursier qui déverse l'eau sur ses aubes. Afin d'éviter ces complications, on préfère ordinairement hausser tout le système d'une manière invariable, n'utilisant qu'une partie de la chute lorsqu'elle est forte, pour se trouver ensuite à une hauteur convenable quand le niveau monte en aval. Le grand avantage des turbines est de fonctionner avec autant de facilité sous l'eau que hors de l'eau.

Qu'il nous soit permis d'indiquer ici les principales turbines qui ont été construites par l'inventeur et de présenter l'analyse des expériences auxquelles elles ont donné lieu. Alors on se convaincra que tous ces avantages, toutes ces propriétés que nous venons de signaler ne sont pas des espérances plus ou moins éloignées basées sur la simple vue, sur la théorie de l'appareil et de son principe. Les faits seront là, constatés toujours par des hommes habiles, pour témoigner de l'exactitude de nos assertions.

M. Fourneyron s'occupe de la réalisation du

principe des turbines depuis 1823. Mais ce ne fut qu'en 1827 qu'il put se livrer à quelques essais. Cette première turbine fut construite à Pont-sur-l'Ognon. Les expériences furent couronnées d'un succès auquel M. Fourneyron lui-même déclare qu'il ne s'attendait pas.

L'inventeur demeura ensuite quelque temps ne sachant comment vaincre la répugnance avec laquelle les idées nouvelles sont généralement accueillies — ce sont ses propres termes. — Bientôt, cependant, l'un des plus honorables maîtres de forges de la Franche-Comté, M. F. Caron, propriétaire des belles usines de Fraisans, manifesta à M. Fourneyron le désir de posséder une turbine hydraulique. M. Caron voulait l'employer à activer la machine soufflante de l'un de ses hauts fourneaux. Ce moteur, de la force de sept à huit chevaux-vapeur, a été exécuté en fonte et en fer. On ne tarda pas à acquérir la preuve de la supériorité de ce système sur tous les autres. On y reconnut déjà la faculté que présente la turbine de tourner sous l'eau et de produire un plus grand effet utile. L'appareil parut plus solide, plus durable, moins embarrassant. Ces qualités frappèrent immédiatement M. Caron, qui n'hésita pas à renoncer à l'emploi de deux grandes roues déjà construites et destinées à faire marcher la soufflerie d'un haut fourneau qu'il édifiait, et à demander à M. Fourneyron, pour remplacer ces deux énormes roues de bois, une turbine de grande dimension. La force pour laquelle elle devait être construite était de vingt chevaux-vapeur environ. Le projet du propriétaire était d'employer le même modèle pour la construction d'une autre roue de la force de cinquante chevaux-vapeur.

M. Fourneyron crut devoir donner, à la turbine que l'on se proposait d'adapter aux machines soufflantes du haut fourneau en construction, une force de beaucoup supérieure aux besoins ordinaires, parce que, dans les grandes variations du Doubs, cet accroissement de force fournira le moyen de n'être pas sujet à toutes les interruptions de travaux qu'éprouvaient les anciennes roues lorsqu'elles étaient immergées. — Expérimentée au moyen du frein de M. de Prony, cette turbine, travaillant sous une chute de 1^m 50, a prouvé qu'elle était capable d'un effet égal à celui de 50 chevaux-vapeur.

Des demandes nouvelles furent adressées à M. Fourneyron. MM. J.-C. Daviller et Compagnie, à Inval, près de Gisors, commandèrent une turbine pour mettre en mouvement un tissage mécanique de 450 métiers avec leurs accessoires. Établie sur la rivière d'Epte, dont elle reçoit l'eau lorsque le niveau d'aval s'élève d'un mètre environ au-dessus de l'étiage, elle ne cessait pas de marcher sous l'eau avec toute sa charge aux époques de débordement de cette rivière.

Elle fut montée et immédiatement mise en activité dans le mois de juin 1834; mais au mois de février suivant, le bel établissement d'Inval fut incendié et détruit de fond en comble. La turbine fut, pour ainsi dire, le seul reste qui subsista; et l'on remarqua qu'elle n'avait éprouvé aucune altération sensible de forme ni de position.

MM. Daviller reconstruisirent presque aussitôt les ateliers d'Inval. Avant que l'on ne reprît définitivement les travaux, M. Fourneyron voulut faire, sur la turbine qui s'y trouvait établie, des expériences plus complètes que n'avaient pu être celles de 1834. Pendant toutes ces expériences la turbine a constamment fonctionné baignée dans l'eau. La chute était d'environ 2 mètres de hauteur. Avec une dépense d'eau de 1000 décimètres cubes par seconde, le rapport de l'effet produit à la force motrice dépensée, — l'effet produit étant mesuré sur l'arbre même de la turbine, — s'élevait à environ 0,71. Le volume de l'eau dépensée étant de 1800 décimètres cubes, ce rapport atteignait moyennement 0,75. La dépense d'eau étant de 2100 décimètres cubes, ce même rapport s'élevait jusqu'à 0,87. Pour une dépense de 3600 décimètres cubes, il n'était plus que de 0,81; enfin, pour une dépense de 4100 décimètres cubes, il atteignait encore 0,85. Ce sont là des valeurs énormes qui ne pourraient être ni surpassées, ni même égalées par toute autre roue hydraulique. Elles justifient pleinement ces expressions dont M. Poncelet se servait, il y a un an, dans une de ses leçons à la Faculté des Sciences de Paris : « Avec quel art infini, et comme à force d'études, de soins et de persévérance, M. Fourneyron est arrivé à constituer un moteur puissant, *moteur qui est en tous points comparable, pour l'élégance et la simplicité des dispositions, à cette admirable machine due à quarante années de travaux d'un homme de génie tel que* WATT ! »

Mais nous allons voir à quelles nouvelles expériences donna lieu encore, quelque temps après, cette même turbine d'Inval. Qu'on veuille bien nous permettre de rappeler succinctement les circonstances qui les ont amenées.

Parmi les machines qui alimentent d'eau de Seine la ville de Paris, on compte une roue hydraulique à palettes, située sous une des arches du pont Notre-Dame. Cette dernière machine, quoiqu'elle soit en très-mauvais état, entre, dans le produit total d'environ 450 pouces d'eau de rivière que la ville distribue, pour 70 ou 80 pouces de fontainier, élevés à 26 mètres. M. Arago, qui s'empresse toujours d'utiliser, dans des vues d'intérêt général, ses connaissances profondes et variées, crut que, sans changer en aucune manière la condition de la navigation actuelle de la Seine, on pourrait augmenter considérablement l'effet produit par la force motrice dépensée au pont Notre-Dame. Il se fit dès lors un devoir d'étudier ce problème. Vers la fin de 1836, des projets en discussion au sein de l'administration des ponts et chaussées le conduisirent à penser que la navigation de la Seine pourrait, avec avantage, s'établir sur le seul bras gauche. Dans cette hypothèse, un barrage mobile serait établi au pont Notre-Dame, et y procurerait une chute de 70 à 75 centimètres, en temps de crue, et de 1 mètre 50 centimètres à l'étiage. Pendant l'été, quand la pénurie d'eau se fait si vivement sentir dans la plupart des quartiers de la capitale, on aurait donc disponible une force représentée par le débit du bras droit de la Seine, ou environ cent mètres cubes d'eau par seconde, tombant d'un mètre et demi de hauteur. Cette force égale celle de 2,000 chevaux travaillant sans relâche.

« L'immensité de cette force, dit M. Arago, ne devait pas me dispenser de chercher le meilleur moyen d'en tirer parti. Après bien peu d'hésitation, je reconnus qu'il faudrait adopter les turbines de

M. Fourneyron. › Sur la demande de M. Arago, une commission fut chargée par le préfet de la Seine, M. de Rambuteau, d'examiner cette question. Et, d'après le vœu émis par le même savant, diverses personnes très-habiles, mais qui, faute d'expériences directes, avaient publiquement manifesté des opinions peu favorables aux turbines, furent comprises au nombre des juges. Dès la première réunion de cette commission, les objections prévues, ou plutôt provoquées, se produisirent. Personne, en présence de faits authentiques, ne pouvait méconnaître que, sous l'action de très-fortes chutes, la turbine donnait des résultats en quelque sorte inespérés; mais sur la Seine les chutes devraient toujours être faibles; les turbines ne sauraient donc manquer d'avoir de grandes dimensions, et elles devraient être constamment immergées. Des expériences directes pouvaient seules faire disparaître ces doutes et ces craintes, d'ailleurs fort naturels.

A cette époque il n'existait encore, à proximité de Paris, que la seule turbine d'Inval, construite pour une chute d'au moins 2 mètres. Moteur d'un établissement immense, pour l'employer à des expériences il fallait arrêter la marche de quatre cents métiers, et rendre inactifs trois à quatre cents ouvriers. « Il y avait là, dit M. Arago, des difficultés qui nous pa-

raissaient, qui devaient nous paraître insurmontables. MM. Daviller, propriétaires d'Inval, en ont jugé
autrement : l'expérience qu'on désirait tenter devait
être utile à la science, à l'industrie, à la ville de
Paris ; ils n'ont plus calculé les embarras qu'elle
amènerait à sa suite, les dépenses qu'elle nécessi-
terait. » La turbine et le cours d'eau qui la met en
jeu ont été, pendant tout le temps nécessaire (un
dimanche, un lundi, et la moitié du mardi suivant),
mis entièrement à la disposition de la commission
nommée par le préfet de la Seine. Exemple rare
d'une libéralité si profitable et si utile ; exemple
qui serait rare surtout chez nous !

Les commissaires qui ont pris part aux expériences étaient : M. Mary, ingénieur en chef des
ponts et chaussées, attaché aux travaux de Paris ;
M. de Saint-Léger, ingénieur des mines, à Rouen ;
M. Maniel, élève de troisième année à l'école des
ponts et chaussées, et M. Fourneyron lui-même.

D'ordinaire la turbine d'Inval travaille sous une
chute de 2 mètres environ, et sans être immergée
au delà de 4 à 5 décimètres. On établit, dans le
bief inférieur, un barrage qui forçait l'eau à y
prendre un niveau beaucoup plus élevé que la turbine, et à se déverser sur la crête du barrage. Ce
moyen a permis d'immerger la roue d'une quantité
voulue. Dans une première série d'expériences, la

chute fut réduite à 1 mètre 15 centimètres, et la turbine fonctionnait immergée dans l'eau de 1 mètre 15 centimètres également, mesure prise sur la couronne inférieure. Le rapport du travail effectif au travail théorique s'éleva encore à 0,70.—Sous une chute de 60 centimètres, la turbine noyée à 1 mètre 88 centimètres, ce rapport conserva une valeur moyenne de 0,64.—Enfin, dans la dernière série d'expériences, la chute était réduite à 30 centimètres; la turbine était plongée à 1 mètre 74 centimètres de profondeur d'eau, et ce même rapport ne descendit pas, valeur moyenne, au-dessous de 0,58.

De tels résultats étaient propres à convaincre les opposants les plus systématiques à la nouvelle invention de M. Fourneyron. Des motifs, qu'il ne nous appartient pas d'apprécier ici, ont jusqu'à présent retardé la réalisation des idées utiles de M. Arago. Sans doute, le conseil municipal de Paris finira par comprendre l'avantage de ce projet. Il sentira combien est nécessaire une distribution abondante et *constante* de l'eau dans une grande ville. Et, d'ailleurs, lorsqu'il s'agit de nouveaux appareils dont les progrès sur les précédents sont déjà bien constatés, n'est-ce pas aux principales villes, aux corps municipaux les plus éclairés, à donner l'exemple de leur application lorsqu'ils en ont l'occasion ?

Dans tous les cas, ces dernières expériences sur la turbine d'Inval ont été, comme le disait M. Arago, utiles à la science, utiles à l'industrie. Elles ont constaté les avantages théoriques d'une machine nouvelle; elles ont signalé ces avantages aux établissements qui sont susceptibles d'en ressentir les heureux effets.

Deux nouvelles turbines venaient d'être établies, par les soins de M. Fourneyron, dans l'est de la France; l'une à Moussay, près de Sénones, département des Vosges; l'autre à Müllbach, département du Bas-Rhin. Elles furent visitées, il y a deux ans et demi, par M. le capitaine d'artillerie Arthur Morin, déjà connu par ses recherches précédentes sur les roues hydrauliques à axes horizontaux, et dont le nom s'est répandu encore davantage par la suite, à l'occasion des rigoureux travaux de mécanique auxquels il s'est livré.

Les deux turbines de Moussay et de Müllbach conduisent toutes deux des tissages mécaniques. La première marche sous une chute de 7 mètres de hauteur dans sa valeur moyenne, la seconde sous une chute plus faible, de 3 mètres environ. La turbine de Moussay dépensait à peu près 750 décimètres cubes d'eau par seconde, sa vitesse variait entre 140 et 250 tours par minute, le rapport du travail effectif au travail théorique demeura compris entre 0,71 et 0,64. — Pour la turbine de Müllbach, les expériences ont un plus haut degré de concordance, et les séries sont plus régulières. Les variations de vitesse s'étendaient entre 55 et 79 tours par minute. L'effet utile a toujours été compris, relativement au travail moteur ou théorique, entre 0,78 et 0,79.

Les conditions de meilleur effet qui ressortent avec évidence de la marche régulière des chiffres, seraient celles où la quantité d'eau consommée deviendrait plus considérable. Nous parlons ici non pas d'un accroissement absolu de force effective, accroissement auquel on devait nécessairement s'attendre, puisque la force théorique augmentait de son côté; mais nous voulons exprimer que, vu la force théorique employée, la partie subsistante et qui demeure effective est plus considérable, en proportion, lorsque la dépense d'eau s'accroît.

Mais, de même que pour toutes les quantités qui sont susceptibles de prendre des valeurs extrêmes de *maximum* et de *minimum,* entre lesquelles elles demeurent contenues, en approchant de ces termes, les variations deviennent moins considérables, et les résultats qui devaient se manifester complets en ces points, se trouvent déjà presque atteints à quelque distance.

Pour résumer les conséquences que l'on peut tirer de ces expériences, citons les conclusions mêmes de M. Arthur Morin. Cet auteur n'hésite pas à affirmer :

« 1° Que les turbines conviennent aux grandes et aux petites chutes;

« 2° Qu'elles transmettent un effet utile net égal à 0,70 et même 0,78 du travail absolu du moteur;

« 3° Qu'elles peuvent marcher à des vitesses extrêmement différentes, en plus ou en moins de celle qui convient au maximum d'effet, sans que l'effet utile diffère notablement de ce maximum;

« 4° Qu'elles peuvent fonctionner sous l'eau à des profondeurs de 1 mètre et plus, sans que le rapport de l'effet utile à l'effet absolu du moteur diminue notablement. »

En décembre 1837, M. Dieu, chef d'escadron d'artillerie, se livra de son côté à des expériences dynamométriques sur une turbine établie à Lépine, département de Seine-et-Oise, et appliquée à faire mouvoir un moulin appartenant à M. Rabourdin. La turbine devait dépenser 445 décimètres cubes d'eau par seconde, ou le produit d'un déversoir de 1 mètre 22 centimètres de longueur et de 345 millimètres de hauteur, sous une chute franche de 2 mètres 5 centimètres. Le produit net mesuré au moyen du frein de M. de Prony sur l'arbre même de la roue, devait être 0,60 de la force brute dépensée, ou 7 2/10 chevaux-vapeur.

Huit expériences faites avec beaucoup de soin et d'habileté ont donné les résultats suivants : — le volume d'eau dépensé a été 440 décimètres cubes; la chute réelle 2 mètres 5 centimètres; le nombre de tours par minute compris entre 58 et 91; le produit net se trouvait de 0,77 du travail théorique, et la force de la turbine estimée en chevaux-vapeur s'élevait à 9 2/10. Les prévisions du constructeur avaient donc été largement dépassées; et l'usine à laquelle cette turbine était adaptée n'aurait pu, à l'aide d'aucune autre roue hydraulique, retirer une telle puissance de cette chute.

Nous venons de citer des turbines établies en France. Et quoique ce pays ne soit pas essentiellement industriel, quoique les inventions utiles y aient bien de la peine à se faire jour, surtout lorsqu'elles n'ont pas pour elles les avantages d'une longue mise en usage et de qualités vulgairement reconnues, malgré, disons-nous, tous ces obstacles, plusieurs usines, travaillant avec des chutes diverses, se sont empressées de les accueillir. L'industrie des pays voisins ne pouvait pas demeurer longtemps stationnaire et indifférente; et l'on devait surtout chercher à profiter des avantages des turbines aux chutes torrentueuses, variables, irrégulières.

En Allemagne, des tentatives infructueuses avaient eu lieu, des essais de construction n'avaient nullement réussi, lorsqu'on appela M. Fourneyron dans ce pays. L'habile inventeur des turbines se rendit à l'invitation qui lui était adressée. Il obtint une réussite complète dans l'établissement de la petite turbine de Saint-Blaise dans la Forêt-Noire, à l'une des filatures de M. d'Eichtal. Cette roue, du poids de 50 kilogrammes, quoique toute en fonte et en fer, est placée sous une chute de 22 mètres. La force dont elle est capable, mesurée au frein, et sur un second arbre, est de 56 chevaux-vapeur. M. Fourneyron a établi une seconde turbine dans le même établissement. Celle-ci n'a qu'un tiers de mètre de diamètre; elle fonctionne sous une pression verticale de 108 *mètres d'eau;* elle fait 2,500 tours par minute, ne dépense que 50 décimètres cubes de liquide par seconde, et réalise cependant la force de 60 chevaux-vapeur. L'effet utile excède les 0,75 du travail théorique. Quelques personnes avaient paru craindre que les tourillons de l'axe de la turbine ne pussent pas résister à une aussi excessive vitesse. Mais, d'après les déclarations mêmes de M. d'Eichtal, pendant les trois premiers mois qui ont suivi son installation, la machine n'a pas éprouvé la plus petite détérioration.

La turbine de M. Fourneyron a fait en Allemagne une vive sensation. Cet ingénieur fut chargé d'en établir plusieurs dans les environs d'Augsbourg, et à Munich. A Augsbourg, il s'agissait de la construction d'un moteur de 180 chevaux de force, par deux turbines, destiné à un très-grand établissement de filature et de tissage mécanique.

La Russie, l'Écosse veulent profiter de cette invention. Partout on a tiré, des expériences faites jusqu'ici, des conclusions favorables, et l'on s'est dit, avec M. Arthur Morin, que : « Si l'on joint aux propriétés précieuses, sous le rapport mécanique, que présentent les turbines, l'avantage qu'elles offrent d'occuper peu de place, et de pouvoir être, sans grands frais, sans embarras, et sans inconvénients, établies dans tel endroit d'une usine qu'on le veut ; de marcher généralement à des vitesses bien supérieures à celles que prennent les autres roues, ce qui dispense de recourir à des transmissions de mouvements compliquées ; on reconnaîtra, sans doute, que ces roues doivent prendre place parmi les meilleurs moteurs hydrauliques. »

En Belgique, un constructeur mécanicien, M. Grouselle, est parvenu à construire des turbines, et à retrouver les petites dispositions de détail que M. Fourneyron n'a nulle part indiquées et dont il s'était réservé la propriété. On peut donc le considérer, sous ce rapport, comme un véritable inventeur. Nous avons rendu compte, dans l'*Émancipation*, à l'époque où elles eurent lieu, des expériences d'essai que l'on fit sur la première turbine construite en Belgique, et nous en avons signalé le succès.

En France, la *Société d'Encouragement pour l'Industrie nationale*, ne voulant pas rester étrangère au mouvement imprimé par les ingénieurs habiles qui, par leurs travaux, faisaient concevoir l'espoir de perfectionnements plus considérables encore, avait mis cette question au concours. L'une des conditions essentielles du programme était la mise en usage de deux roues du système présenté au concours. La turbine de Pont-sur-l'Ognon existant seule encore au concours de 1827 et à celui de 1829; ce ne fut qu'en 1832, après l'établissement de Fraissans, que M. Fourneyron put se présenter à ce concours. La Société couronna ses efforts en lui accordant le prix de 6,000 francs. De tels encouragements contribuent à exciter les efforts et l'émulation, et ont une certaine influence sur les progrès des arts et de l'industrie. Après tout, c'est une récompense qui est bien méritée.

Nous allons donner maintenant quelques détails particuliers sur la construction des turbines et nous présenterons ensuite les formules de Poncelet relatives au calcul de leurs effets mécaniques.

II

En donnant ici une description un peu détaillée de la turbine Fourneyron, nous nous baserons sur les Mémoires mêmes de l'inventeur. Nous savons cependant que ses descriptions ne suffisent pas pour permettre la construction ou la reproduction de l'appareil. Nous essayerons donc, dans ce cas, d'indiquer ce qui pourrait compléter ce qu'en a publié M. Fourneyron.

La *figure première* est le plan d'une turbine, vue du dessus de la huche ou réservoir. Ce réservoir communique à volonté avec le bief supérieur B, au moyen des deux fausses vannes *aa*.

La *figure deuxième* est la coupe de la machine

par un plan vertical parallèle à la direction du coursier ou canal de fuite, et passant par l'axe de la
roue.

La *figure troisième* représente l'élévation de la
roue et de la huche ou réservoir en bois, vue perpendiculairement à l'axe du canal de fuite.

Enfin, la *figure quatrième* est la coupe de la partie
inférieure de la turbine dessinée sur une plus grande
échelle.

Les mêmes lettres représentent, de part et
d'autre, les mêmes objets.

d est la turbine placée au-dessous de la huche
ou réservoir. Elle doit être calée solidement sur un
arbre *e* en fonte, portant, à son extrémité inférieure,
un pivot acéré qui tourne dans une crapaudine à fond
d'acier, tandis que sa partie supérieure tourne
entre deux coussinets en cuivre assujettis solidement
entre deux pièces de bois fixées de part et d'autre
dans les murs latéraux.

. La roue en fonte, souvent construite d'une seule
pièce, doit être exempte de toute saillie qui ten-
drait à déplacer l'eau par son mouvement dans ce
fluide. Elle est composée d'un fond en partie sphé-
rique D, percé à son milieu d'un trou pour laisser
passer l'arbre. Ce fond ou calotte fait corps avec
un rebord ou disque circulaire *d'd'*, dont le pourtour, divisé en 18 parties égales, porte à ses diverses

divisions les aubes cylindriques d'', d'', d'', destinées à recevoir l'action de l'eau. Ces aubes placées verticalement sur le disque inférieur qui est parfaitement horizontal sont recouvertes d'un disque circulaire supérieur qui a pour largeur celle du disque inférieur auquel il n'est fixé que par les aubes cylindriques. Le milieu de ce disque est un espace circulaire entièrement vide, qui permet au fond F ou plateau circulaire d'entrer dans la roue jusqu'un peu au-dessus de son disque inférieur, sans la toucher d'aucun côté.

Sur le fond circulaire et horizontal F, est placé pour faire corps avec lui, un noyau F', lequel s'assemble sur un long tuyau g, de manière à ne former qu'une seule pièce avec lui. Le tuyau g, ainsi fixé au fond F, s'élève verticalement et se trouve serré à sa partie supérieure entre deux montants GG qui l'empêchent de tourner, et qui l'empêchent en même temps de descendre avec le fond F qu'il supporte au-dessus du point exigé.

Sur le fond F sont placés à égales distances, solidement attachés à sa surface et contre le noyau F, 9 diaphragmes cylindriques et verticaux F'', F'', destinés à conduire l'eau dans les compartiments de la roue. M. Fourneyron leur donne le nom de *cylindres conducteurs*, ou de *cylindres fixes*, puisqu'ils sont destinés à demeurer immobiles. Il nomme, par opposition, *cylindres mobiles*, les aubes cylindriques d'', d'' de la roue, parce qu'elles tournent avec celle-ci.

La courbure des cylindres fixes est en sens inverse de celle des cylindres mobiles.

Les diaphragmes ou cylindres conducteurs s'élèvent jusqu'en F'' au-dessus du disque supérieur de la roue d, et au-dessous du plancher ou fond de la huche A. Ce plancher est percé d'un trou circulaire qui permet le passage du tuyau g ou *porte-fond*, tuyau dans lequel l'arbre vertical e de la roue se meut librement, et qui établit la communication entre le réservoir A, le compartiment du fond F, et l'espace compris entre les deux disques de la roue.

La communication entre le réservoir et le fond F s'établit par une espèce de petit cylindre ou bec vertical, dont les bords sont arrondis intérieurement, et qui, entrant dans la roue jusqu'à quelques millimètres au-dessous de la surface inférieure du disque supérieur, est solidement fixé au plancher et fait corps avec lui.

La communication des compartiments ou cylindres fixes avec l'intérieur de la roue sur toute la hauteur des cylindres mobiles a lieu par des orifices latéraux. Ces orifices se trouvent naturellement formés par la paroi du compartiment, le dessous du petit cylindre ou bec, et le fond F.

Examinons maintenant la marche de l'eau dans cet appareil et son action dans la roue.

Les deux fausses vannes *aa* sont levées entièrement. L'eau du canal B se précipite dans le réservoir ou huche A; elle ne peut s'en échapper que par les orifices latéraux en communication avec l'entrée de la roue. Mais ces orifices, très-petits par rapport aux ouvertures des vannes, ne peuvent débiter la totalité de l'eau qu'elles fournissent; le niveau s'élève donc dans la huche presque à la même hauteur que dans le canal. Alors l'eau inférieure, pressée par toute la hauteur H de la charge supérieure, s'échappe latéralement. Les filets liquides affluent perpendiculairement aux orifices, mais ils ne peuvent se mouvoir en ligne droite à cause des courbures des cylindres fixes. Ils suivent ces cylindres jusqu'à leur extrémité, et de là s'introduisent dans la roue sous la direction désirée. Le liquide pressant ensuite, en vertu de sa vitesse, les aubes cylindriques mobiles, glisse sur ces aubes avant de s'échapper par le pourtour extérieur de la roue, et détermine ainsi, en les faisant céder à son action, le mouvement de la turbine.

Nous devons joindre ici quelques remarques de détail.

Le cylindre ou bec a une épaisseur considérable afin d'éviter la contraction de la veine fluide, et d'obliger l'eau à sortir horizontalement, et à parcourir, pressée seulement par derrière, un certain espace pendant lequel elle prend bien la direction voulue. Si la paroi supérieure de l'orifice était trop mince, cet effet n'aurait pas lieu, et l'eau n'entrerait pas dans la roue.

Les points principaux de la contraction des turbines, qui se trouvent modifiés dans les différentes applications, consistent surtout dans le mode dont la prise d'eau est établie, ou dans la manière dont les conditions de la chute sont établies ou réglées. Il faut, en effet, disposer toujours la chute de manière à ce qu'elle puisse être utilisée par la turbine. Ces dispositions diverses seraient, d'ailleurs, employées souvent pour l'établissement de toute autre roue hydraulique, et n'ont rien de bien particulier. M. Fourneyron a cru cependant utile de décrire quelques-uns de ces dispositifs, et nous allons suivre son exemple, mais en nous bornant à quelques notions succinctes.

La chute qui fait mouvoir la turbine du haut fourneau de Dampierre (Jura), dépendant des forges de Fraissans, est alimentée par un étang, et cette chute éprouve les énormes variations de 3 à 6 mètres de hauteur. On a ajouté ici une vanne régulatrice propre à augmenter ou à diminuer la force de la machine, en y introduisant, selon les besoins, une plus ou moins grande quantité d'eau.

La turbine de Fraissans a encore cela de particulier qu'un cylindre en fonte fermé hermétiquement à sa partie supérieure, fait les fonctions de la huche ou réservoir en bois.

Cette même turbine présente d'ailleurs un dispositif particulier, qu'il est, sous plusieurs rapports, important de faire connaître. Le réservoir se trouvant fermé à sa partie supérieure, peut, si on le juge convenable, se terminer à une hauteur moindre que le niveau de l'eau en amont. L'arbre de la turbine, qui est mis en communication avec les autres organes de la machine par sa partie supérieure, peut alors être terminé immédiatement au-dessus du couvercle du réservoir; et le tube qui amène l'eau dans ce dernier s'élève dans ce cas à côté du prolongement de l'arbre. L'arbre, en un mot, se trouve dégagé, isolé, extrait de ce réservoir qui le privait de toute communication avec l'extérieur. Ce système est représenté dans notre figure *cinquième*. — La vanne placée à l'intérieur du réservoir est soulevée par trois tiges verticales manœuvrées, à l'aide d'un pignon et d'une roue dentée, par une manivelle.

C'est précisément dans ce système que M. Grousselle a construit sa première turbine d'essai, et qu'il en établira, sous peu, une nouvelle, de la force

de trois à quatre chevaux, sur la Senne, à Clabecq.
Cette dernière est destinée à activer un ventilateur.
Ainsi donc l'industrie belge commence à s'approprier, à naturaliser, en quelque sorte, une invention qui peut lui rendre d'aussi éminents services.
D'un autre côté, M. Cockerill vient d'être chargé
de construire, d'après les épures de M. Fourneyron, une turbine de quarante chevaux de force,
destinée à l'Italie. Tous ces faits sont dignes d'attention : ils signalent l'esprit d'invention du constructeur qui retrouve les dispositifs de détails que
M. Fourneyron lui-même n'a jamais publiés ; et la
réputation de supériorité acquise — et bien légiti-
mement sans doute, — à nos principaux ateliers de
construction.

Il serait facile, à l'aide des descriptions qui pré-
cèdent, comparées aux figures que nous y joignons,
et en se rappelant les formules les plus vulgaires
de l'hydraulique, en s'appuyant surtout sur le travail de Poncelet dont nous allons nous occuper tout
à l'heure, il serait facile, disons-nous, de construire
des turbines, si ces appareils s'établissaient toujours d'après un modèle aussi déterminé et aussi
constant. Les turbines sont, à la vérité, le résultat,
la réalisation d'un principe théorique; mais cependant c'est à la pratique et à l'exécution qu'elles
doivent la possibilité de leurs bons effets. Instru-

ment capricieux, nous dirions presque mystérieux dans sa construction, il est difficile, à moins d'efforts longs et persévérants, de découvrir les secrets divers de toutes les parties qui doivent se prêter un mutuel secours.

L'inventeur seul, ou ceux qui, guidés d'abord par les écrits de M. Fourneyron, ont par des essais et des tâtonnements refait tout un travail semblable au sien, peuvent connaître, mesurer et établir ces particularités de dispositifs. C'est pour eux une propriété particulière, dont les avantages doivent être le fruit de leurs efforts.

III

THÉORIE DES EFFETS MÉCANIQUES DE LA TURBINE.

La théorie des effets mécaniques de la turbine a
été essayée par l'inventeur lui-même, M. Fourneyron, dans un des mémoires publiés par les *Bulletins
de la Société d'Encouragement*, année 1834. Mais
on ne peut considérer cette théorie comme entièrement satisfaisante. D'un autre côté, les anciennes
solutions de Borda, malgré l'extension et les perfectionnements qu'elles ont acquis dans ces derniers
temps, ne sauraient être ici appliquées directement,
et à cause de l'engorgement qui peut survenir dans
les tuyaux d'évacuation de la roue, et à cause de la
réaction occasionnée par la présence de ces tuyaux
sur la masse liquide qui s'écoule incessamment par

les orifices injecteurs du réservoir. Ainsi, pour une ouverture de vanne déterminée, la dépense de liquide dépend forcément de la vitesse de rotation propre de la machine. Dans le but de remplir cette lacune, Poncelet, dans deux de ses leçons à la Faculté des Sciences de Paris, professées les 11 et 15 juillet dernier, a repris de nouveau cette question. Il considère les équations relatives à l'écoulement du liquide, tant dans l'intérieur du réservoir de la roue, qu'au travers des orifices de circulation formés par ses aubes cylindriques. Dans ces équations, il tient compte de la perte de force vive qui a lieu à l'entrée du liquide dans le réservoir; de la différence qui peut exister entre les pressions à l'intérieur et à l'extérieur de l'espace cylindrique compris entre la turbine et les orifices d'alimentation; enfin des pertes de force vive qui s'opèrent en vertu de la vitesse relative avec laquelle le liquide afflue dans les canaux de circulation de cette roue, et vient choquer leurs parois, ou se mêler avec celui qui s'y trouve déjà contenu, et qui possède généralement une vitesse différente de la sienne propre. Nous aurons occasion d'apprécier tout à l'heure le degré de rigueur de la solution de Poncelet. Le nom seul de cet auteur annonçait déjà un travail positif et complet.

Les expressions les plus générales de ce calcul

ont seules été publiées jusqu'ici. Nous croyons pouvoir être utile en les reproduisant et en y joignant les développements qui les enchaînent et qui en rendent l'intelligence plus facile.

Indiquons d'abord la notation. Nommons spécialement pour le *réservoir* cylindrique de la turbine :

e, la hauteur effective des orifices d'écoulement;

a, la plus courte distance entre les *directrices* consécutives du liquide;

l, la distance entre les extrémités extérieures de ces directrices;

α, l'angle aigu sous lequel les filets liquides, supposés perpendiculaires à a, viennent rencontrer la circonférence intérieure de la roue; on a donc sensiblement $a = l \sin \alpha$;

U, la vitesse inconnue et moyenne avec laquelle ces filets franchissent les orifices dont l'aire individuelle est ae;

k, le coefficient de la contraction à la sortie de ces orifices, et qui doit être ici au moins 0,95 pour les petites valeurs de e.

μ, le coefficient qui se rapporte à l'introduction de l'eau dans l'intérieur du réservoir, et qui peut descendre à 0,60 lorsque les parois de ce dernier ne sont pas convenablement évasées;

A, l'aire des sections horizontales du réservoir;

$O=nkae$, la somme des aires contractées, kae, des

orifices de sortie, dont n représente le nombre;

$Q=OU$, le volume du liquide écoulé, dans chaque seconde, par ces orifices.

Nommons pareillement pour la *roue* :

R' et R'', les rayons des circonférences extérieure et intérieure, dont le dernier est aussi, à très-peu près, celui du réservoir;

e', la hauteur du débouché naturel et invariable offert au liquide affluent, par les canaux de circulation des aubes, hauteur qui peut, néanmoins, se réduire à une fraction déterminée de la distance entre les couronnes extérieures de la roue, quand il existe un ou plusieurs diaphragmes intermédiaires;

a', la plus courte distance entre deux aubes consécutives;

l' et l'', leurs intervalles mesurés respectivement sur les circonférences extérieure et intérieure;

φ, l'angle aigu formé par le jet liquide avec la première de ces circonférences, de sorte qu'on a sensiblement $a' = l' \sin \varphi$;

$O' = n'k'a'e'$, la somme des aires contractées, $k'a'e'$, des orifices d'évacuation dont n' est le nombre;

ω, la vitesse angulaire ou à l'unité de distance de l'axe;

$v' = \omega R'$, $v'' = \omega R''$, les vitesses des circonférences extérieure et intérieure;

u et u', les vitesses relatives avec lesquelles le liquide est introduit dans l'intervalle compris entre les aubes voisines de la roue, et s'en échappe ensuite comme d'une espèce de canal ou ajutage conique;

β, l'angle formé par la vitesse u et la vitesse v'' prise en sens contraire.

Enfin désignons *généralement* par :

h et h', les hauteurs du niveau de l'eau, dans les bassins supérieur et inférieur, au-dessus du centre des orifices d'écoulement;

$H = h - h'$, la chute totale ou utile;

P, la résistance et Pv l'effet, utiles, mesurés au point dont la distance à l'axe est R, et la vitesse $v = \omega R$;

p, la pression atmosphérique extérieure, par mètre carré;

p', celle qui a lieu dans l'espace compris entre le réservoir et la roue;

$\pi = 1000^k$, la densité, le poids du mètre cube du liquide;

$g = 9^m,809$, la vitesse imprimée, par la pesanteur, au bout de la première unité de temps de la chute des corps;

$M = \dfrac{\pi}{g} Q$, la masse du liquide qui s'écoule uniformément, dans l'unité de temps, par les orifices du réservoir ou ceux de la turbine.

Nous pouvons négliger, en général, la résistance,

d'ailleurs ici assez faible, des parois des vases et des différentes conduites; nous pouvons négliger aussi la force vive due à l'affluence de l'eau dans le bassin supérieur, et qui est ordinairement très-petite par rapport à celle qui a lieu dans le réservoir même de la turbine. La perte de force vive, par seconde, qui s'opère à l'entrée de l'eau dans le réservoir cylindrique d'alimentation de la roue, d'après les principes connus, est mesurée par l'expression $M U^2 \dfrac{O^2}{A^2}\left(\dfrac{1}{\mu}-1\right)^2$. L'équation du mouvement permanent du liquide, depuis son entrée dans ce réservoir, jusqu'à sa sortie par les orifices O, sera

$$M U^2 \left[1 + \frac{O^2}{A^2}\left(\frac{1}{\mu}-1\right)^2 \right] = 2\,Mgh + 2\,Mg\left(\frac{p}{\Pi}-\frac{p'}{\Pi}\right).$$

Posons, pour abréger, $\dfrac{O^2}{A^2}\left(\dfrac{1}{\mu}-1\right)^2 = K$, et divisons simultanément par M les deux membres de cette équation, elle devient

$$U^2 \left(1 + K\right) = 2gh + 2g\left(\frac{p}{\Pi}-\frac{p'}{\Pi}\right).$$

Pour déterminer la hauteur de pression dans l'espace compris entre le réservoir et la roue, on aura donc, quand U sera connu, la formule

$$\frac{p'}{\Pi}-\frac{p}{\Pi} = h - \frac{U^2}{2g}\left(1 + K\right).$$

La vitesse relative u, avec laquelle l'eau tend, au premier instant, à s'introduire dans l'intervalle compris entre les aubes, est donnée par la relation

$$u^2 = U^2 + v''^2 - 2\,U v'' \cos \alpha = \frac{O'^2}{O^2} u'^2 + v''^2 - 2\,\frac{O'}{O} v'' \cos x\, u'$$

attendu qu'on a $Q = OU = O'u'$, et que U doit être la résultante de u et de v''.

Dans la turbine Fourneyron, la direction des aubes est très-sensiblement perpendiculaire à la circonférence intérieure de la roue; on décomposera facilement la vitesse relative u en deux autres vitesses : l'une $u \cos \beta$, dirigée dans le sens de cette circonférence, et qui donne lieu à une première perte de force vive mesurée par

$$M u^2 \cos^2 \beta\,;$$

l'autre $u \sin \beta$. L'excès de cette dernière sur la vitesse moyenne ou de régime, que l'eau tend à prendre dans les canaux de circulation de la roue, un peu au delà de leur entrée, donne lieu à une seconde perte de force vive. On évaluera approximativement cette perte de force vive en observant que $k'a'c'u'$ étant la dépense qui se fait, en une seconde, par l'orifice d'évacuation de chacun de ces canaux, la vitesse moyenne dont il s'agit a pour mesure, dans l'hypothèse du parallélisme des filets, et attendu que $e'l''$ peut être pris sensiblement pour l'aire de la section à l'entrée des canaux, et que l' et l'' sont proportionnels à R' et R'',

$$\frac{k'\,a'\,e'\,u'}{e'\,l''} = \frac{k'\,a'}{l}\ \frac{R'}{R''}\,u' = k'\frac{R'}{R''}\sin\varphi\,u'.$$

Le coefficient numérique k' peut servir, en même temps, à corriger l'erreur que l'on commet en supposant le parallélisme des filets établi dans la section $e'l''$, qui est évidemment trop forte. φ représente ici, qu'on se le rappelle bien, non pas l'angle du dernier élément des aubes avec la circonférence extérieure de la roue, mais bien celui du filet moyen ou central de la veine sortante avec cette même circonférence.

La perte de vitesse à l'entrée et dans le sens de l'axe des canaux, aura donc pour expression

$$u\sin\beta - k'\,\frac{R'}{R''}\sin\varphi\,u'.$$

La perte correspondante de force vive, par seconde, et sur le pourtour entier de la roue, sera par conséquent formulée

$$M\left(u\sin\beta - k'\,\frac{R'}{R''}\sin\varphi\,u'\right)^2;$$

La perte de force vive totale à l'entrée de l'eau dans

les canaux se trouvera ainsi représentée par l'expression

$$\mathrm{M}u^2 \cos^2 \beta + \mathrm{M}\left(u \sin \beta - k'\frac{\mathrm{R}'}{\mathrm{R}''}\sin \varphi\, u'\right)^2$$

$$= \mathrm{M}\left[u^2 \cos^2 \beta + \left(u \sin \beta - k'\frac{\mathrm{R}'}{\mathrm{R}''}\sin \varphi\, u'\right)^2\right].$$

$$= \mathrm{M}\left(u^2 \cos^2 \beta + u^2 \sin^2 \beta + k'^2 \frac{\mathrm{R}'^2}{\mathrm{R}''^2}\sin^2 \varphi\, u'^2\right.$$

$$\left. - 2k'\frac{\mathrm{R}'}{\mathrm{R}''}\sin \varphi\, u \sin \beta\, u'\right).$$

En observant que $u^2 \cos^2 \beta + u^2 \sin^2 \beta = u^2 (\cos^2\beta + \sin^2 \beta) = u^2 \times 1 = u^2$, l'expression primitive se réduit enfin à celle-ci :

$$\mathrm{M}\left(u^2 + k'^2 \frac{\mathrm{R}'^2}{\mathrm{R}''^2}\sin^2 \varphi\, u'^2 - 2k'\frac{\mathrm{R}'}{\mathrm{R}''}\sin \varphi\, u \sin \beta\, u'\right).$$

Mais l'axe des canaux est par hypothèse perpendiculaire à la circonférence intérieure de la roue ou
à la direction de v''; U est la résultante de v'' et de u,
on a dès lors

$$u \sin \beta = \mathrm{U} \sin \alpha = \frac{0'}{0}\sin \alpha\, u'.$$

La nouvelle expression simplifiée de la perte de
force vive à l'entrée de la roue, sera donc

$$\mathrm{M}\left(u^2 + k'^2 \frac{\mathrm{R}'^2}{\mathrm{R}''^2}\sin^2 \varphi\, u'^2 - 2k'\frac{\mathrm{R}'}{\mathrm{R}''}\sin \varphi\, \frac{0'}{0}\sin \alpha\, u'^2\right).$$

Si nous faisons, pour abréger, $k' \dfrac{R'}{R''} \sin \varphi = b$, et $\dfrac{O'}{O} \sin \alpha = c$, il viendra

$$M \left(u^2 + b^2 u'^2 - 2 bc\, u'^2 \right).$$

Dans le cas où l'axe des canaux formerait avec la circonférence intérieure de la roue, non plus un angle droit, mais un angle quelconque γ, mesuré du côté de la vitesse v'', l'expression de la perte de force deviendrait

$$M \left\{ u^2 + k'^2 \frac{R'^2}{R''^2} \sin^2 \varphi\, u'^2 - 2 \left[\frac{O'}{O} \cos(\gamma - \alpha)\, u' - v'' \cos \gamma \right] k' \frac{R'}{R''} \frac{\sin \varphi}{\sin \gamma}\, u' \right\}.$$

Cette considération introduirait dans les équations un terme en u' qui les compliquerait davantage. Il serait facile d'ailleurs d'y avoir égard dans la recherche des conditions relatives au maximum d'effet absolu. Il nous suffit d'avoir signalé cette formule en passant ; mais nous continuerons à supposer — ce qui, nous l'avons dit, se rapproche extrêmement de la vérité — que l'axe des canaux est perpendiculaire à la circonférence intérieure de la roue.

Dans la roue, l'action de la force centrifuge développe une quantité de travail mesuré par $\frac{1}{2} M \left(v'^2 - v''^2 \right)$.

Avec tous les éléments que nous venons de préparer, nous pouvons établir l'équation du mouvement relatif dans l'intérieur de la roue. Cette équation sera

$$M u'^2 = M u^2 + M \left(v'^2 - v''^2 \right) + 2g\, M \left(\frac{p'}{\Pi} - \frac{p}{\Pi} \right)$$
$$- 2g\, M h' - M \left(u^2 + b^2 u'^2 - 2bc\, u'^2 \right).$$

Nous devons maintenant diviser cette équation par M

et remplacer $\frac{p'}{\Pi} - \frac{p}{\Pi}$ par sa valeur trouvée précédem-

ment $h - \frac{U^2}{2g}(1 + K)$; et comme on a d'ailleurs

$$U = \frac{O'}{O} u', \text{on remplacera} \frac{p'}{\Pi} - \frac{p}{\Pi} \text{par } h - \frac{\frac{O'^2}{O^2} u'^2}{2g}(1 + K).$$

L'équation dont nous nous occupons devient alors :

$$u'^2 = u^2 + v'^2 - v''^2 + 2gh - \frac{O'^2}{O^2} u'^2 (1 + K)$$
$$- 2gh' - u^2 - b^2 u'^2 + 2bcu'^2.$$

Mais nous savons que $h - h' = H$, et que, par conséquent, les deux termes $+2gh - 2gh'$ se réduisent à $+2gH$; et si nous remarquons en outre que u^2 se trouve, affecté de deux signes différents, former deux autres termes, cette équation se réduit encore à

$$u'^2 = v'^2 - v''^2 + 2gH - \frac{O'^2}{O^2} u'^2 (1 + K) - b^2 u'^2 + 2bcu'^2,$$

équation qui peut se mettre sous cette autre forme,

$$u'^2 = v'^2 - v''^2 + 2gH - \left[\frac{O'^2}{O^2}(1 + K) + b^2 - 2bc\right] u'^2.$$

Représentons, afin d'abréger, la quantité entre crochets par une lettre particulière ; faisons, par exemple $\frac{O'^2}{O^2}(1 + K) + b^2 - 2bc = i$. la valeur de

u'^2 devient alors

$$u'^2 = \frac{v'^2 - v''^2 + 2g\mathrm{H}}{1 + i} \; ; \text{ et } u' = \sqrt{\frac{v' - v''^2 + 2g\mathrm{H}}{1 + i}}$$

$$= \sqrt{\frac{2g\mathrm{H} + \omega^2 (\mathrm{R}'^2 - \mathrm{R}''^2)}{1 + i}}$$

Ainsi pour calculer la vitesse et la dépense du liquide à la sortie du réservoir cylindrique de la turbine, on aura les formules :

$$\mathrm{U} = \frac{\mathrm{O}'}{\mathrm{O}} u' = \frac{\mathrm{O}'}{\mathrm{O}} \sqrt{\frac{2g\mathrm{H} + \omega^2 (\mathrm{R}'^2 - \mathrm{R}''^2)}{1 + i}} \text{ , et}$$

$$\mathrm{Q} = \mathrm{OU} = \mathrm{O}' \sqrt{\frac{2g\mathrm{H} + \omega^2 (\mathrm{R}'^2 - \mathrm{R}''^2)}{1 + i}}$$

A présent que nous sommes en possession d'une valeur de U, introduisons cette valeur dans l'expression de $\dfrac{p'}{\Pi} - \dfrac{p}{\Pi}$, et nous obtiendrons :

$$\frac{p'}{\Pi} - \frac{p}{\Pi} = h - \left(\frac{1+\mathrm{K}}{1+i}\right) \frac{\mathrm{O}'^2}{\mathrm{O}^2} \left[\frac{2g\mathrm{H} + \omega^2 (\mathrm{R}'^2 - \mathrm{R}''^2)}{2g}\right]$$

$$= h - \left(\frac{1+\mathrm{K}}{1+i}\right) \frac{\mathrm{O}'^2}{\mathrm{O}^2} \left[\Pi + \frac{\omega^2 (\mathrm{R}'^2 - \mathrm{R}''^2)}{2g}\right].$$

Le principe des forces vives permet encore de calculer l'effet utile ou la quantité de travail transmise à la roue, abstraction faite des résistances passives. On sait, en effet, que $u'^2 - 2v'\cos\varphi\, u' + v'^2$ représente le carré de la vitesse absolue conservée par le liquide à sa sortie de la roue. On aura pour l'expression de l'effet utile :

$$P_v = MgH - \tfrac{1}{2} M (u^2 + b^2 u'^2 - 2bcu'^2)$$
$$- \tfrac{1}{2} M (u'^2 + v'^2 - 2 v' \cos \varphi\, u').$$

Les valeurs de M et de MgH représentent ici la masse de liquide écoulée par seconde, et le travail moteur, l'effet absolu qui s'y rapporte. Eh bien ! on remarquera que ces quantités ne sont point indépendantes de la vitesse angulaire ω de la roue. On ne peut donc plus supposer ces valeurs constantes, ainsi qu'on le fait ordinairement dans la recherche du maximum d'effet ; il faut se contenter de considérer le maximum même du rapport de ces effets. C'est ce dernier maximum qui exprime l'avantage relatif de la roue ; c'est ce que l'on appelle quelquefois dans la pratique son *rendement*. Cherchons ce rapport.

Nous devons pour cela diviser l'expression de P_v par MgH. Cette division donne :

$$\frac{P_v}{MgH} = 1 - \frac{u^2 + b^2 u'^2 - 2bcu'^2}{2gH} - \frac{u'^2 + v'^2 - v' \cos \varphi\, u'}{2gH}.$$

Introduisons dans cette équation les valeurs suivantes trouvées plus haut :

$$u^2 = \frac{O^2}{O^2}\, u'^2 + v''^2 - 2v'' \frac{O'}{O}\cos \alpha\, u',$$

$$\text{et }\ u'^2 = \frac{2g\mathrm{H} + v'^2 - v''^2}{1 + i},$$

et il viendra, en remplaçant en outre v' et v'' par $\omega\,\mathrm{R}'$ et $\omega\,\mathrm{R}''$, et toutes réductions faites,

$$\frac{\mathrm{P}r}{\mathrm{M}g\mathrm{H}} = \frac{\mathrm{K}}{1+i}\frac{O'^2}{O^2} + \left[\frac{\mathrm{K}}{1+i}\frac{O'^2}{O^2}(\mathrm{R}'^2 - \mathrm{R}''^2) - 2\mathrm{R}'^2\right]\frac{\omega^2}{2g\mathrm{H}}$$

$$+ 2\,\frac{\mathrm{R}'\cos\varphi + \mathrm{R}''\dfrac{O'}{O}\cos\alpha}{\sqrt{1+i}}\sqrt{\frac{\omega^2}{2g\mathrm{H}} + (\mathrm{R}'^2 - \mathrm{R}''^2)\frac{\omega^4}{4g^2\mathrm{H}^2}}\,.$$

Pour déduire de là les conditions du maximum d'effet, on doit, dans cette expression, faire varier successivement les quantités qu'on veut considérer comme indéterminées dans l'établissement de la roue. Rappelons-nous d'abord que la quantité i est elle-même fonction de quelques-unes d'entre elles. On a, en effet,

$$i = (1 + \mathrm{K})\frac{O'^2}{O^2} + b^2 - 2bc = (1 + \mathrm{K})\frac{O'^2}{O^2}$$

$$+ \frac{\mathrm{R}'^2}{\mathrm{R}''^2}\sin^2\varphi - 2\frac{O}{O}\frac{\mathrm{R}'}{\mathrm{R}''}\sin\varphi\sin\alpha.$$

Bornons-nous à ce qui concerne particulièrement la vitesse angulaire , ou plutôt le rapport de la vitesse $v = \omega R'$ à la vitesse due à la chute disponible du cours d'eau, et qui est mesurée par l'expression $\sqrt{2gH}$. Ce rapport entre seul d'ailleurs dans l'expression de celui des effets.

Posons de nouveau, afin d'abréger,

$$\frac{K}{1+i}\frac{O'^2}{O^2} = B, \quad 2 - \frac{K^2}{1+i}\frac{O'}{O^2}\left(1 - \frac{R''^2}{R'^2}\right) = C,$$

$$\frac{\cos\varphi + \dfrac{O'}{O}\dfrac{R''}{R'}\cos\alpha}{\sqrt{1+i}} = D.$$

$$1 - \frac{R''^2}{R'^2} = E, \quad \frac{\omega^2 R'^2}{2gH} = x, \quad \text{ou} \quad v' = \omega R' = \sqrt{2gH.x}.$$

Dans le problème qui nous occupe, ces quantités sont toutes essentiellement positives.

L'expression du rapport des effets devient ainsi, en général,

$$\frac{Pv}{MgH} = B - Cx + 2D\sqrt{x + Ex^2};$$

La condition du maximum relatif de ce rapport sera

$$x \text{ ou} \frac{\omega^2 R'^2}{2gH} = -\frac{1}{2E} + \frac{1}{2E}\sqrt{\frac{C^2}{C^2 - 4D^2E}};$$

et la valeur de ce maximum

$$\frac{Pv}{MgH} = B + \frac{C}{2E} - \frac{1}{2E}\sqrt{C^2 - 4D^2E}.$$

Remarquons que cette dernière expression ne contient ni H , ni h' ou h; ainsi la turbine Fourneyron , entre certaines limites de vitesse , et abstraction faite des résistances passives plus ou moins grandes qui gênent son action, doit fonctionner avec un égal avantage sous toutes les hauteurs de chute; elle doit manifester autant d'effet utile , soit qu'elle tourne noyée ou non noyée dans l'eau du bief inférieur. Ces propriétés que le calcul lui assigne sont , comme on le sait , confirmées à l'avance par les résultats des expériences connues.

La valeur du rapport $\sqrt{\dfrac{\omega R'}{2gH}}$ qui correspond au maximum d'effet relatif, fait voir d'ailleurs que les circonstances dont il s'agit ne peuvent pas exercer sur lui une influence bien sensible. Ainsi que le précédent , il ne dépend, pour ainsi dire, que des proportions mêmes de la machine , de l'inclinaison des courbes directrices du réservoir, de celle des aubes de la roue, de l'ouverture des orifices d'écoulement. C'est encore ce que les expériences avaient indiqué.

Rappelons-nous que nous avons posé en commençant $K = \dfrac{O^2}{A^2}\left(\dfrac{1}{\mu} - 1\right)^2$. Dans le système de construction adopté par M. Fourneyron, l'aire variable O des orifices du réservoir est tout au plus égale au quart de celle A de ses sections horizontales $\pi R''^2$; on peut donc établir l'inégalité

$$K < \frac{1}{16} \left(\frac{1}{\mu} - 1 \right)^2.$$

Prenons pour μ sa plus petite valeur 0,6, et il viendra

$$K < \frac{1}{56}, \text{ ou } K < 0,0278.$$

Le nombre K est facteur de quantités assez petites dans les expressions de B et de C; on pourrait, sans erreur notable, l'y supposer tout à fait nul; ce serait la source de simplifications assez considérables. Voici, en effet, à quelles expresions se réduiraient, dans ce cas, les valeurs précédentes.

On aurait, pour l'expression générale du rapport variable des effets,

$$\frac{Pv}{MgH} = -2x + 2 \frac{\left(\cos \varphi + \frac{O'R''}{OR'} \cos \alpha \right)}{\sqrt{1+i}} \sqrt{x + \left(1 - \frac{R''^2}{R'^2} \right) x^2};$$

pour la valeur de x, qui correspond au maximum de ce rapport,

$$x = \frac{R'^2}{2(R'^2 - R''^2)}\left[-1 + \frac{R'^2}{\sqrt{R'^4 - \dfrac{\left(R'\cos\varphi + \dfrac{O'}{O}R''\cos\alpha\right)^2}{1+i}(R'^2 - R''^2)}}\right]$$

enfin, pour la valeur même de ce maximum,

$$\frac{Pr}{MgH} = \frac{R'^2}{R'^2 - R''^2}\left[1 - \sqrt{1 - \frac{\left(R'\cos\varphi + \dfrac{O'}{O}R''\cos\alpha\right)^2(R'^2 - R''^2)}{(1+i)R'^4}}\right]$$

Discutons cette dernière expression, afin de chercher les autres conditions à remplir pour rendre l'établissement de la roue le plus avantageux possible. Nous supposons toujours $A > 4\,O$. Il faut rendre elle-même un maximum la quantité

$$\frac{\left(R'\cos\varphi + \dfrac{O'}{O}R''\cos\alpha\right)^2\left(R'^2 - R''^2\right)}{(1+i)R'^4}$$

$$\frac{\left(\cos\varphi + \dfrac{O'R''}{O\,R'}\cos\alpha\right)^2\left(1 - \dfrac{R''^2}{R'^2}\right)}{1 + (1+K)\dfrac{O'^2}{O^2} + \dfrac{R'^2}{R''^2}\sin^2\varphi - 2\dfrac{O'R'}{O\,R''}\sin\varphi\sin\alpha}$$

Que l'on pose dans ce but,

$$\tan\alpha = y,\ \tan\varphi = z,\ \frac{R''}{R} = m,\ \frac{ke}{k'e'} = s\,;$$

que l'on fasse attention d'ailleurs à l'égalité

$$\frac{O'}{O} = \frac{n'k'a'e'}{n\,k\,a\,e} = \frac{k'e'n'l'\,\sin\varphi}{k\,e\,n\,l\,\sin\alpha} = \frac{1}{s}\frac{R'\,\sin\varphi}{R''\,\sin\alpha'}.$$

et l'expression dont il s'agit prendra la forme

$$\frac{m^2\,(1-m^2)\,(sy+z)^2}{m^2\,s^2\,(1+z^2)\,y^2+(1+K)\,(1+y^2)\,z^2+(s^2-2s)\,y^2\,z^2}.$$

On reconnaîtra maintenant, avec Poncelet, et d'après la limitation des valeurs que peuvent recevoir ici les nombres m, s et K : 1° que cette fraction demeurera toujours au-dessous de l'unité, de sorte que la valeur du rapport x, ou celle de la vitesse angulaire de la roue, ne saurait, non plus, devenir infinie par la condition du maximum d'effet, ainsi qu'il arrive pour les roues à réaction, à la classe desquelles, par conséquent, la turbine ne saurait appartenir; 2° que cette même fraction approchera d'autant plus de son maximum, que le rapport s ou $\dfrac{k\,e}{k'e'}$ sera plus voisin de l'unité, et que K, y et z, ou α et φ seront eux-mêmes plus près de zéro; 3° qu'enfin, si cette condition de K, α et φ nuls ou très-petits, était satisfaite, le rapport de $\dfrac{y}{z} = \dfrac{\tang\,\alpha}{\tang\,\varphi}$ devenant $\dfrac{1}{sin^2}$, la fraction ci-dessus se réduirait sensiblement à la quantité $1 - m^4$. On aurait alors

$$\frac{Pv}{MgH} = \frac{R'^2}{R'^2 - R''^2}\,(1 - m^2) = 1,\ x = \frac{1}{2m^2} = \frac{R'^2}{2R''^2},$$

$$\omega R'' \text{ ou } v'' = \sqrt{gH} = 0{,}7071\,\sqrt{2gH}.$$

Le maximum d'effet absolu serait atteint pour une vitesse de la circonférence intérieure de la roue, égale aux 0,7 environ de celle qui répond à la hauteur de la chute disponible H.

Dans la réalité, il est impossible de faire les angles α et φ nuls ou même très-petits. La première de ces conditions tient d'ailleurs uniquement à ce que nous avons supposé ici les aubes de la roue perpendiculaires à la circonférence. Mais on conçoit, dit encore Poncelet, d'après la nature de la fonction ci-dessus, que sa valeur et celle de $\dfrac{Pv}{MgH}$ devront éprouver des variations assez faibles pour des valeurs de α et de φ qui s'écarteraient notablement de zéro. Un exemple, où nous étudierons spécialement la marche suivie par les résultats numériques du calcul, dans le but de la comparer à celle qui est indiquée par les données immédiates de l'expérience, fera voir suffisamment que ces prévisions ne s'écartaient pas trop de la vérité.

Poncelet choisit, à cet effet, l'un des cas dont M. Arthur Morin s'est occupé avec le plus de soin. Il est très-fâcheux cependant que ce dernier auteur n'ait point fait connaître les éléments constitutifs de la roue sur laquelle il a opéré, et que Poncelet ait été obligé, pour établir plusieurs des données du problème, de les conclure des proportions relatives des parties, telles que M. Fourneyron les avait indiquées dans ses Mémoires. Cette comparaison perd ainsi, en grande partie, le degré de certitude et d'intérêt scientifique qu'elle eût pu comporter. Mais il n'est pas probable que M. Fourneyron ait, depuis l'époque où il a publié ses descriptions, modifié sensiblement le système général de construction de son appareil.

Pour la turbine de Mülbach, dont nous avons déjà parlé, et sur laquelle M. Arthur Morin a multiplié beaucoup les expériences, on a les éléments suivants :

Hauteur de la turbine $= 0^m,55$; diamètre $=$ environ 2^m.

On est par là conduit à prendre :

$R' = 1^m$, $R'' = 0,7R' = 0^m,7$, $\sin x = 0,5$. $\cos x = 0,866$, $\sin \varphi = 0,4$, $\cos \varphi = 0,9165$.

Pour plus de simplicité, Poncelet suppose encore les quantités k et k', — coefficients de contraction relatifs aux orifices d'injection du réservoir, et d'évacuation de la roue, — sensiblement égaux entre eux et à l'unité. Parmi les séries d'expériences exécutées par M. Arthur Morin, l'auteur choisit celles des pages 56 et 46 de son Mémoire, pour lesquelles la valeur du rapport $\dfrac{e}{e'}$ des hauteurs de ces orifices ne devait pas elle-même différer beaucoup de l'unité, car il est très-probable que la roue dont il s'agit portait une couronne intermédiaire; et l'on peut négliger l'influence qui peut être due à la présence de la division supérieure où l'eau ne devait pas être admise directement.

Dans ces hypothèses, on aurait sensiblement :

$$\frac{O'}{O} = \frac{n'k'a'e'}{n\,k\,a\,e} = \frac{R'\sin\varphi}{R''\sin\alpha} = 1,143 ;$$

$$(1+i)\,\frac{O^2}{O'^2} = 1 + K + \frac{O^2}{O'^2} - \sin^2\alpha = 1,5434 ;$$

$$\frac{\cos\varphi + \dfrac{O'R''}{O\,R'}\cos\alpha}{\sqrt{1+i}} = 1,1333 ; \quad 1 - \frac{R''^2}{R'^2} = 0,51.$$

Ces premières valeurs connues, nous aurons : pour l'expression générale du rapport variable des effets de la turbine, dans ce cas particulier,

$$\frac{Pv}{MgH} = -2x + 2,3567\sqrt{x + 0,51\,x^2} ;$$

pour la valeur maximum de ce rapport,

$$\frac{Pv}{MgH} = 0,8095;$$

et pour la valeur correspondante du nombre x,

$$x = \frac{\omega^2 R'^2}{2gH} = 0,689; \text{ d'où } \frac{\omega R'}{\sqrt{2gH}} = 0,83.$$

Dans les expériences dont nous parlons, de M. Arthur Morin, on avait moyennement $H=3^m,2$. D'après les formules, on obtiendrait pour le nombre N des révolutions par minute de la roue, correspondant au maximum d'effet,

$$N = 9,55 \, \omega = 9,95 \sqrt{2gHx} = 62^t,8.$$

Comparons ces premiers résultats à ceux des expériences. En consultant la deuxième partie du tableau de la page 56 du Mémoire cité de M. Arthur Morin, on verra d'abord que la valeur 0,83 surpasse de 1/7 environ celle déduite de mesures directes. Les expériences donnent aussi, au lieu de $62^t,8$ par minute, le nombre de 59^t environ. Quoique une semblable différence n'ait point lieu ici de nous surprendre, dit Poncelet, nous ferons cependant remarquer qu'elle doit être principalement attribuée aux résistances passives dont on n'a tenu aucun compte.

Poncelet calcule ensuite le nombre de tours et le rapport des effets pour des valeurs variables de la quantité x. Ces résultats, mis en regard de ceux des expériences obtenus par interpolation pour chaque cas particulier, fournissent quelques indications utiles. Il en résulte le tableau suivant :

Valeurs attribuées au nombre x.	Nomb. de tours de roue par minute.	Rapport des effets d'après le calcul.	Moyennes fournies par l'expérience.
0, 0	0,00	0,000	» »
0, 2	33,80	0,664	» »
0, 4	47,85	0,773	0,700
0, 6	58,61	0,807	0,705
0, 7	62,81	0,810	0,700
0, 8	67,67	0,806	0,675
1, 0	75,66	0,786	0,610
1, 2	82,88	0,753	0,490
1, 4	89,52	0,712	0,360
1, 6	95,70	0,664	0,280
1, 8	101,51	0,612	0,203
2, 0	107,00	0,546	0,050
3,72	145,00	0,000	» »

Le calcul et l'expérience sont donc d'accord pour nous prouver que l'effet utile ne saurait atteindre le maximum absolu, mais qu'il peut s'en approcher de très-près, n'éprouvant d'ailleurs que des variations fort faibles pour des vitesses qui s'écartent notablement de celle du maximum relatif.—La dernière colonne de ce tableau montre que le rapport des effets décroît, dans l'expérience, beaucoup plus rapidement que ne l'indique le calcul. Cette différence tient, sans aucun doute, à l'influence que les résistances passives et les autres causes de déperdition inhérentes au mouvement de la turbine, acquièrent alors. Cette action devait, dans le cas dont il s'agit, se manifester d'autant mieux, que la turbine se trouvait noyée dans l'eau du bief inférieur.

Pour des ouvertures de vanne de $0^m,09$ de hauteur seulement, le rapport maximum des effets demeure au-dessous de 0,55, d'après le tableau de la page 54 du Mémoire de M. Arthur Morin. Il est encore évident que les formules marchent dans le même sens, quoiqu'elles fournissent toujours, en raison des causes signalées, des nombres sensiblement supérieurs à ceux de l'expérience.

En supposant le rapport $\dfrac{O'}{O}$ des orifices réduit à la moitié de la valeur que nous lui avons attribuée précédemment, le maximum de $\dfrac{Pv}{MgH}$ devient 0,59 environ, et le nombre correspondant de tours, 48. Ce sont, à peu près, les indications de l'expérience.

M. Arthur Morin a fait également, sur la turbine de Mülbach, une suite d'expériences fort intéressantes, dans la vue de constater l'influence de la force centrifuge sur la dépense qui se fait par les orifices du réservoir, et de découvrir la loi qui lie cette dépense à celle $O \sqrt{2gH}$ qui aurait lieu si la roue était enlevée. Poncelet a cru utile d'en comparer également les résultats à ceux de ses formules. Nous allons le suivre dans cette comparaison.

Les formules donnent pour l'expression du rapport dont il s'agit,

$$\frac{O'u'}{O\sqrt{2gH}} = \frac{O'}{O} \sqrt{\frac{2gH + \omega^2 (R'^2 - R''^2)}{2gH (1+i)}}$$

$$= \sqrt{\frac{1 + \left(1 - \frac{R''^2}{R'^2}\right) x}{(1+i) \frac{O^2}{O'^2}}}.$$

Cette expression devient, dans le cas particulier qui nous occupe,

$$\sqrt{\frac{1 + 0{,}51\, x}{1{,}5434}},$$

Contentons-nous de substituer pour x les trois valeurs 0,2, 0,7, 1,8 ; nous obtiendrons respectivement, pour

$$N = 55{,}84 \text{ révolutions par minute.} \quad \frac{O'u'}{O\sqrt{2gH}} = 0{,}845$$

$$N = 62{,}80 \; . \quad . \quad . \quad . \quad . \quad . \quad . \quad . \quad . \quad = 0{,}938$$

$$N = 104{,}51 \; . \quad . \quad . \quad . \quad . \quad . \quad . \quad . \quad = 1{,}115$$

On peut voir encore, par le tableau des pages 46 et 47 du même Mémoire, concernant l'orifice de $0^m,20$ d'ouverture, que ces résultats suivent la même marche que ceux de l'expérience, quoiqu'ils les surpassent généralement à nombre égal de révolutions de la roue. De plus, ajoute Poncelet, la formule qui les donne montre qu'ils tendent sensiblement à décroître, avec la valeur du rapport $\frac{O'}{O}$ des orifices, ce qui ne paraît pas avoir lieu, à beaucoup près, avec la même rapidité d'après la comparaison des données fournies par les tableaux relatifs aux levées de vanne de $0^m,05$ et $0^m,27$, qui montrent d'ailleurs que le terme $\omega^2 (R'^2 - R''^2)$, dû à la force centrifuge, exerce en réalité une influence bien moindre pour les petits que pour les grands orifices. Mais de pareilles différences n'ont rien qui doive surprendre, puisque, indépendamment des résistances passives auxquelles la turbine se trouve soumise quand elle est noyée dans l'eau du bief inférieur, le mouvement du liquide y éprouve diverses modifications dont on a négligé la considération dans ce qui précède, quoiqu'il ne soit nullement impossible d'y avoir égard dans l'établissement des formules.

On avait admis d'abord que l'intervalle compris entre le réservoir et la roue ne communique, avec le milieu ambiant, que par les conduites formées par

les aubes de cette roue. Dans la réalité, cet intervalle est entièrement séparé du fluide extérieur
par la couronne qui sert de fond à la turbine, et
qui se prolonge jusqu'à son axe vertical, sans aucun
jeu appréciable; mais il n'en est pas ainsi de la
couronne supérieure, qui laisse entre elle et le réservoir un espace annulaire, par lequel le liquide
peut s'échapper ou être introduit, selon que la
pression p' surpasse la pression extérieure $p+\Pi h'$,
ou en est, au contraire, surpassée; circonstance
qui altère nécessairement d'autant plus les effets,
que la lame d'eau affluente a moins d'épaisseur, et
que la vitesse angulaire est elle-même plus grande.

Poncelet développe ce nouveau problème de la
manière suivante :

Nommant j la largeur horizontale du jeu dont
il s'agit; $o = 2\pi R''j$ l'aire du vide qu'il forme autour
du réservoir cylindrique de la turbine; w la vitesse
avec laquelle le liquide tend, en général, à fran-
chir ce vide, soit du dehors au dedans, s'il y a
aspiration ou que la pression p' se trouve être inférieure à $p+\Pi h'$; soit du dedans vers le dehors,
s'il y a refoulement ou que p' surpasse cette même
pression. Enfin, désignant par $q = k_1 ow$, le volume,
et par $m = \dfrac{\Pi k_1}{g} ow$, la masse du liquide expulsé ou
introduit pendant une seconde, au travers de o, dans

le cas où la turbine est censée tourner sous l'eau du bief inférieur; k_1 représentant, d'ailleurs, le coefficient de contraction qui se rapporte à l'ouverture annulaire o, on aura :

1° Pour l'équation du mouvement au travers des orifices O du réservoir,

$$U^2 (1+K) = 2gh + 2g \left(\frac{p}{\Pi} - \frac{p'}{\Pi} \right);$$

2° Pour celle qui se rapporte à l'écoulement par l'ouverture o : du dedans vers le dehors, ou si l'on a $p' > p + \Pi h'$,

$$w^2 = 2g \left(\frac{p'}{\Pi} - \frac{p}{\Pi} \right) - 2gh',$$

du dehors au dedans, si l'on a, au contraire, $p' < p + \Pi h'$,

$$w^2 = 2gh' + 2g \left(\frac{p}{\Pi} - \frac{p'}{\Pi} \right);$$

ce qui donne simplement, d'après les équations ci-dessus,

$$\pm w^2 = 2gH - (1+K) U^2,$$

le signe négatif de w^2 correspondant à la seconde hypothèse, qui est celle de l'aspiration;

3° Pour l'équation qui se rapporte au mouvement relatif dans l'intérieur des conduites de la roue, lesquelles donnent toujours lieu à une dépense de fluide $O'u'$, par seconde,

$$u'^2 = v'^2 - v''^2 + 2g\mathrm{H} - (1+\mathrm{K})\,\mathrm{U}^2$$

$$- \frac{\mathrm{OU}}{o'u'}\left(k'^2\,\frac{\mathrm{R}'^2}{\mathrm{R}''^2}\,\sin^2 p\;u'^2 - 2k'\,\frac{\mathrm{R}'}{\mathrm{R}''}\,\sin p\,\sin x\,\mathrm{U}u'\right).$$

D'ailleurs, on n'aura plus ici simplement la condition $\mathrm{OU}=\mathrm{O}'u'$, mais bien cette autre relation :

$$\mathrm{OU}=\mathrm{O}'u' \pm k_1 ow,$$

qui, avec les trois précédentes, suffira encore pour déterminer les vitesses d'écoulement U, u, w; les dépenses OU, O' u', $k_1 ow$, ainsi que la pression inconnue p'; le signe inférieur de $k_1 ow$ se rapportant toujours au cas de l'aspiration. D'après cela, on n'éprouvera aucune difficulté à établir l'équation relative à l'effet utile de la roue, si l'on observe, comme on vient de le faire, pour établir l'avant-dernière des équations ci-dessus : 1° qu'il n'y a pas lieu, dans le cas présent, à tenir compte de l'influence de la force vive mw^2, qui est entièrement perdue par cet effet, puisque sa direction est perpendiculaire à celle du mouvement de la roue ; 2° qu'on doit seulement avoir égard à l'accroissement ou à la diminution subie, selon les cas, par la dépense qui se fait au travers des orifices d'évacuation O' de cette roue.

Toutefois, les résultats auxquels on sera ainsi conduit seront fort compliqués, puisqu'ils dépendront, en général, d'équations d'un degré élevé, et ne pourront être obtenus, dans chaque circonstance, que par la méthode des approximations successives.

Voici encore comment Poncelet traite le cas où la turbine est coupée par un diaphragme, par une couronne intermédiaire.

La partie la plus basse a pour hauteur e', et si le fluide, animé d'une vitesse U, afflue du réservoir sous une épaisseur e ou ke qui surpasse e', les choses restent à peu près dans l'état où on vient de les considérer; mais il n'en est plus ainsi lorsque l'inverse a lieu, et les équations relatives au mouvement du liquide, comme celles qui se rapportent à l'effet utile même de la roue, doivent alors se partager en deux groupes distincts, ou plutôt on doit considérer séparément ce qui a lieu pour la capacité inférieure et pour la capacité supérieure où les circonstances du mouvement sont très-différentes, puisqu'il s'y fera généralement une aspiration plus ou moins puissante, et qui modifiera complétement la loi des effets.

Soient, pour cette même capacité, o_1, O'_1, p'_1, u'_1, m_1 et w_1 les quantités analogues à celles que nous avons précédemment désignées par o, O', p', u',

m et w, et qui, désormais, seront relatives à la capacité inférieure où l'eau afflue d'une manière directe, on aura d'abord, pour remplacer l'équation en w^2 posée ci-dessus,

$$w^2 = 2g\left(\frac{p}{\Pi} - \frac{p'_1}{\Pi}\right) \text{ ou } w^2 = 2gh - (1+\mathrm{K})\mathrm{U}^2 + 2g\left(\frac{p}{\Pi} \frac{p'_1}{\Pi}\right)$$

relation qui, à son tour, se rapporte au jeu de la couronne intermédiaire, et à laquelle il faudra joindre les trois suivantes :

$$w_1{}^2 = 2g\left(\frac{p}{\Pi} - \frac{p'_1}{\Pi}\right) + 2gh',$$

$$u'_1{}^2 = v'^2 - v''^2 + 2g\left(\frac{p'_1}{\Pi} - \frac{p}{\Pi}\right) - 2gh', \ \mathrm{O}'_1{}'u_1 = ow + o_1 w_1,$$

en ayant soin, en outre, de considérer comme perte, dans l'équation relative à l'effet utile de la roue, la force vive $(m+m_1)\,(u'_1{}^2 + v'^2 - 2\,u'_1\,v'\cos\varphi)$ que possède la masse du liquide $m + m_r$ à sa sortie de la division supérieure de cette roue.

D'ailleurs la question, bien que plus compliquée, n'en sera pas moins susceptible d'une solution suffisamment approchée pour le but à remplir, et dont ce qui précède servira à donner au moins une idée, en montrant la nature des considérations sur lesquelles ou doit l'appuyer.

On pourrait désirer enfin d'apprécier avec plus

de rigueur les effets de la machine, en tenant compte de la résistance qu'elle éprouve à se mouvoir noyée dans l'eau du bief inférieur. On remarquerait d'abord, dit Poncelet, qu'il n'y a pas lieu à s'occuper ici de la résistance qui peut provenir du choc sur la convexité extérieure des aubes, puisque le fluide moteur les occupe en entier et déplace continuellement celui du milieu ambiant, mais qu'il est, au contraire, indispensable d'avoir égard à la résistance qui s'opère sur les faces extérieures et horizontales des couronnes. Or on sait, d'après les ingénieuses expériences de Coulomb, que cette résistance peut être représentée, pour l'unité de surface, par une expression de la forme $a'v + b'v^2$; a' et b' étant des coefficients à déterminer par l'expérience, et $v = \omega R$ la vitesse du point de la couronne qui est située à la distance quelconque R de l'axe de la roue. On aura conséquemment, et en observant que les surfaces frottantes sont au nombre de deux :

1° Pour la résistance totale,

$$2\varpi \frac{\Pi}{g}\, a'\omega\, \frac{2(R'^3 - R''^3)}{3} + 2\varpi \frac{\Pi}{g}\, b'\omega\, \frac{2(R'^4 - R''^4)}{4};$$

2° Pour la perte de travail correspondante par seconde,

$$2\varpi \frac{\Pi}{g}\, a'\omega^2\, \frac{(R'^4 - R''^4)}{4g\mathrm{H}} + 2\varpi \frac{\Pi}{g}\, b'\omega^3\, \frac{(R'^5 - R''^5)}{5g\mathrm{H}}.$$

Cette perte devant être introduite parmi les autres, dans l'équation relative à l'effet utile de la roue, donnera lieu, pour les hypothèses qui nous ont d'abord occupé, et après avoir été divisée par MgH, à un terme soustractif de la forme

$$\frac{\frac{1}{2}\varpi\,\dfrac{H}{g}\,a'\,(R'^4 - R''^4)\,\omega^2 + \frac{2}{5}\,\varpi\,\dfrac{H}{g}\,b'\,(R'^5 - R''^5)\,\omega^3}{\dfrac{H}{g}\,O'u'}$$

$$= \frac{5\,\varpi\,a'\,(R'^4 - R''^4)\,\omega^2 + 4\varpi\,b'\,(R'^5 - R''^5)\,\omega^3}{10.\;o'\sqrt{\dfrac{2gH + \omega^2\,(R'^2 - R''^2)}{1+i}}},$$

qui compliquera beaucoup l'expression de cet effet, et dont on appréciera d'ailleurs l'influence avec une approximation suffisante, du moins dans le cas des grandes vitesses, en négligeant la partie qui a pour coefficient a', et qui devient alors très-petite vis-à-vis de l'autre, dont le facteur constant b' pourra être pris égal à 0,0036 environ, d'après les recherches de M. de Prony sur les lois qui régissent le mouvement uniforme de l'eau dans les canaux.

En faisant l'application numérique de la formule ci-dessus au cas, déjà considéré, de la turbine de Mülbach, on trouve que la perte de travail occasionnée par la résistance du liquide dans lequel la roue est plongée, suffit, et au delà, pour annihiler l'effet utile de cette roue, quand elle marche à cent tours environ par minute, et qu'à la vitesse du maximum 62,8 tours, elle retranche du rapport 0,810, de cet effet au travail dépensé par la force motrice, la fraction 0,035, qui le fait descendre à 0,775, à peu près comme l'indique le résultat des expériences. On n'a pas tenu compte ici de la perte relative au tourbillon, à l'effluve produite par l'aspiration qui s'opère dans la division supérieure de la turbine. Le principale cause du déchet éprouvé par la turbine Fourneyron, doit résider dans les remous occasionnés par la présence de la capacité de cette roue, qui n'est pas soumise directement à l'action du fluide.

On voit avec quel soin Poncelet cherche à déterminer les meilleures conditions d'action. Les formules qu'il a obtenues seront d'ailleurs d'utiles bases pour les travaux de la pratique. S'il est vrai que l'expérience peut seule indiquer mille perfections de détails sans lesquels il serait impossible de faire même marcher l'appareil; s'il est vrai que l'expérience a parfois enseigné à vaincre des difficultés principales et élémentaires, il faut reconnaître aussi que la théorie qui enseigne à aborder méthodiquement, et d'après des règles générales préconçues, toutes les questions, a bien son utilité.

Elle fournit les bases de travail à la pratique. La pratique ajoute à ses conceptions les qualités matérielles qui les font passer, du rang des utopies physiques et des vérités idéales, à celui des réalisations positives et des applications palpables. Si la théorie prête secours à la pratique, si la pratique exécute les projets de la théorie, l'une est liée étroitement à l'autre. Dans cet état de dépendance, elles ne sauraient agir isolément, et c'est la manière juste dont on emprunte et à l'une et à l'autre leurs services et leurs conseils, qui est un moyen évident et certain de réunir toutes les conditions du succès.

Les formules indiquées pour calculer la vitesse et la dépense de liquide à la sortie du réservoir cylindrique de la turbine montrent aussi, de leur côté, que cette vitesse, que cette dépense, peuvent surpasser celles qui seraient dues à la différence H des niveaux, et qu'elles croissent, en général, avec la vitesse angulaire de la roue. Tous ces résultats sont conformes à ceux des expériences. La formule qui donne la pression dans l'espace compris entre la roue et le réservoir, montre que cette pression diminue rapidement, à mesure que la vitesse angulaire augmente, et qu'elle peut même devenir inférieure à la pression du fluide dans lequel se meut la turbine. Il faut, dans ce cas, que la condition

$$h-h' \text{ ou } H < \left(\frac{1+K}{1+i}\right)\frac{O'^2}{O^2}\left[H+\omega^2\frac{(R'^2-R''^2)}{2g}\right]$$

se trouve naturellement remplie.

Ce sont là autant de vérités utiles qu'il importe de consulter.

IV.

DE L'ESTIMATION EXPÉRIMENTALE DE LA PUISSANCE D'UNE TURBINE EN MOUVEMENT.

Après avoir développé la théorie des effets mécaniques de la turbine, et lorsque nous avons fréquemment parlé de la force expérimentale qui a été trouvée à quelques-unes de ces machines, disons succinctement comment se mesure cette puissance.

Le moyen à la fois le plus exact et le plus commode que nous connaissions aujourd'hui pour apprécier l'intensité de l'action mécanique d'une machine, est le bel et simple appareil inventé par M. de Prony, et connu sous le nom de frein dynamométrique. Nous ne nous occuperons que de ce procédé, car c'est le seul dont les résultats puissent être empreints de ce caractère d'exactitude que l'on est en droit de réclamer aujourd'hui de ce genre de mesures.

Nous ne nous arrêterons pas à décrire le frein de M. de Prony, car nous devons supposer que ceux qui veulent en faire usage, au moins le connaissent probablement. Nous dirons seulement les soins particuliers que demande l'application dont il s'agit.

Il serait bien désirable de pouvoir poser directement le frein sur l'arbre même de la turbine ; mais des difficultés locales, et l'embarras causé par la présence des roues d'engrenage d'angle, placées souvent à son sommet, empêcheront presque toujours d'y arriver. Il faudra donc se contenter de mesurer la puissance qui est transmise au premier arbre de couche. Il faudrait alors, pour remonter à la puissance intégrale reçue par l'arbre vertical de la roue motrice, ajouter, à la force indiquée par le frein, le travail perdu avant d'y arriver. Ce travail se compose : 1° du frottement de l'arbre horizontal sur des tourillons, résultant non-seulement du poids de cet arbre et de tout ce qu'il porte, mais encore de l'effet provenant de la pression exercée sur les dents pour enlever la charge, et de la poussée des engrenages ; 2° le frottement des engrenages ; 3° le frottement de l'arbre vertical contre ses collets. On pourrait tenir compte, par le calcul, de toutes ces pertes de force ; mais on sait la difficulté du choix du coefficient de frottement, relatif aux surfaces sur lesquelles on opère, et les erreurs qui peuvent s'ensuivre. Il est donc prudent, quant à l'examen comparatif des résultats de la machine, selon les circonstances qui déterminent son action, de s'arrêter aux effets immédiats manifestés par la charge du frein.

Le point où le frein sera posé étant arrêté, il faudra fixer à l'arbre choisi pour l'y appliquer, une poulie solidaire en fonte, et susceptible de s'emboîter avec la plus grande exactitude dans les entailles des mâchoires en bois. Il est, dans la disposition de cette poulie, quelques précautions utiles à prendre, que nous allons indiquer. On devrait toujours serrer et mastiquer contre la fonte deux joues en bois servant de bases au cylindre, mais laissant, entre leur circonférence intérieure et l'arbre, un vide circulaire. Dans quelques expériences, on injecterait, par ce vide, de l'eau dans l'intérieur de la poulie, au moyen du boyau d'une pompe à incendie. Cette eau s'écoulerait ensuite par un siphon, afin d'obtenir un renouvellement continuel. On empêcherait par là l'échauffement des parties frottantes. On devrait aussi, pendant les expériences, ne pas cesser d'entretenir grasse la surface de la poulie.

Cette poulie est ensuite embrassée par deux fortes mâchoires en bois. Ces mâchoires sont réunies par des boulons. La manœuvre continuelle des écrous doit être confiée à un homme intelligent. La mâchoire supérieure se prolonge, d'un côté, au delà de la mâchoire inférieure, et un arc de cercle à gorge, ayant son centre sur l'axe même de l'arbre, devrait être construit pour donner passage à la corde de suspension du plateau des poids. En faisant reposer les mâchoires du frein sur la poulie, par l'intermédiaire d'un couteau, on peut préalablement équilibrer tout ce système au moyen de contre-poids. Les contre-poids doivent être conservés pendant tout le temps des expériences.

Il est encore prudent d'établir des arrêts, pour éviter tout accident, dans le cas où le frein pourrait être entraîné brusquement par la poulie.

Ces dispositions préparatoires ainsi prises, et tout étant prêt pour l'expérience, il faut laisser marcher la machine sous telle ou telle condition particulière qu'on le veut.

On pourrait déterminer chaque fois le poids qui, sur le plateau, représente l'effort à faire pour vaincre la résistance due aux frottements. Il peut alors être avantageux d'opérer comme nous allons l'exposer.

Le plateau du frein est chargé d'un poids égal à

celui qui a été employé dans l'une quelconque des expériences. On serre d'abord la mâchoire assez fortement pour qu'il soit impossible à la poulie de tourner sans entraîner le frein avec elle.—On ouvre ensuite lentement la vanne de la turbine jusqu'à ce que l'action de l'eau contre les courbes soit assez grande pour enlever, *mais très-lentement*, le poids placé à l'extrémité du frein. Il est possible de régler la vanne de manière à ne pas faire monter le poids d'un décimètre en plusieurs minutes. On peut alors considérer l'action de l'eau comme faisant équilibre au poids employé.

Lorsque le poids s'est élevé ainsi d'une certaine hauteur, — sans rien changer à la position de la vanne,—que l'on charge successivement le plateau d'un nombre de kilogrammes suffisant pour commencer à déterminer la descente du frein, et à entraîner, sous la même lenteur avec laquelle l'ascension s'était faite, l'arbre auquel les mâchoires ont été rendues solidaires. Que l'on supprime ensuite le poids ainsi ajouté, et l'action de l'eau élevant, comme la première fois, le poids primitivement employé, on peut en conclure que le poids ajouté pour rompre l'équilibre est précisément celui qui représentait, *sur le frein*, l'effort à faire pour surmonter les résistances passives dont il a été fait mention. Cette méthode est due à M. Fourneyron.

Dans tous les cas, nous croyons qu'il ne sera pas superflu de rappeler ici les formules qui servent à déduire des expériences l'effet utile. Ce calcul, le voici :

P représente le nombre de kilogrammes que porte le plateau dans une expérience;

R, le rayon de l'arc de suspension, de l'arc de cercle sur lequel s'enroule la corde qui porte le plateau ;

N, le nombre de tours que fait la poulie par minute ;

π, le rapport de la circonférence au diamètre.

La quantité d'action donnée par la machine sera

$$(2\,\pi\,\text{R P N})^{\text{kilog. m.}}\text{ par minute.}$$

Si l'on veut exprimer cette force en chevaux, et la représenter par Y, on aura, en divisant par $60\times75=4500$, l'expression ci-dessous :

$$Y = \frac{2\,\pi\,\text{R P N}}{4500} = 0{,}004596\ \text{R P N}.$$

—

L'une des choses les plus difficiles et les plus délicates dans les expériences de ce genre, c'est le jaugeage du volume d'eau dépensé. Les procédés peuvent varier suivant les circonstances; nous allons en indiquer quelques-uns qui nous ont paru mériter d'être décrits.

L'un de ces moyens consiste à isoler le canal d'amont, et à ouvrir ensuite la vanne de la quantité demandée, la turbine fonctionnant toujours chargée du frein. L'eau s'abaisse dans le canal. Vers le milieu de cet espace d'eau, et en dehors du remous,—est dressée une échelle le long de laquelle se meut un flotteur. Sur cette échelle sont indiqués des points également écartés. Le nombre de secondes que le flotteur met à passer de l'un de ces repères au point fixe suivant immédiatement, est mesuré. On peut alors, — connaissant la surface préalable du canal et la pente de ses talus , — estimer le volume d'eau qui a passé par la turbine pendant le temps compté. Cette méthode permet d'ailleurs de connaître toutes les dépenses d'eau faites par la même ouverture de vanne, sous diverses hauteurs de chute.

Un second procédé se base sur l'usage du moulinet de Woltmann. M. Fourneyron, en comparant à Inval les résultats de l'estimation par cet instrument à ceux du jaugeage direct, a trouvé les indications du moulinet plus fortes, dans un rapport qui a varié entre $1:0,92$ et $1:0,94$. Il faudra donc essayer, lorsqu'on se servira de ce procédé, quelques comparaisons de ce genre, afin de constater, du moins, le sens de l'erreur.

Enfin , souvent on établit en aval un barrage ,

lors des expériences, afin d'exhausser le niveau du bief inférieur. Le volume de liquide dépensé peut être facilement jaugé à son déversoir au-dessus de la crête de ce barrage, si l'on a eu soin de rendre cette crête parfaitement horizontale. Des échelles dont le zéro est à la hauteur du barrage, et le long desquelles s'élèvent des flotteurs, constatent toujours l'épaisseur de la tranche liquide qui se déverse, et la hauteur de la chute effective.

Il faut d'ailleurs avoir l'attention de retrancher du volume total jaugé, afin de trouver le volume d'eau qui a réellement agi sur la turbine, le produit des fuites à travers les parois des bassins, le fond du plancher, etc., etc. Il suffit, pour cela, de fermer un instant à fond la vanne de la turbine, de faire en sorte qu'il ne passe point d'eau dans cette dernière. La perte due aux fuites diminue ordinairement dans le rapport de la racine carrée des hauteurs de chute.

Dans les cas où l'on ne réunit pas tous les éléments nécessaires à la cubature directe du volume d'eau dépensé, et où l'on obtient seulement l'épaisseur et la largeur de la nappe liquide déversée, il faut recourir à la loi physique qui préside à la chute et aux actions qui l'influencent, afin d'en déduire ce volume. D'Aubuisson, d'après des expériences toutes récentes de M. Castel, a établi la formule suivante, qui passe pour exacte :

$$Q = 1,80\, l\, \mathrm{H}^{\frac{3}{2}}.$$

Q est toujours le volume d'eau cherché, exprimé en mètres cubes ;

l est la largeur du déversoir ;

H, l'épaisseur de la lame d'eau, mesurée de la crête du déversoir au niveau supérieur de l'eau, pris au-dessus du remous.

h représentant la hauteur de la chute de l'eau agissant sur la roue, le travail théorique, exprimé en kilogrammes élevés à un mètre en une seconde, sera :

$$1000\, Q\, h \;{}^{\mathrm{kilgr.\,m.}},$$

et exprimé en chevaux,

$$\frac{1000\, Q\, h}{75} = \frac{1800\, l h \mathrm{H}^{\frac{3}{2}}}{75}.$$

X étant le travail théorique,

$$X = 24\, l h \mathrm{H}^{\frac{3}{2}}.$$

Conservant pour Y la signification que nous lui avons donnée tout à l'heure,

$\dfrac{Y}{X}$ sera le rapport du travail réel au travail théorique, et mesurera, par conséquent, la bonté de la machine.

C'est par l'application de ces formules, et en

se servant des différents procédés d'expérimentation que nous avons indiqués, que l'on a obtenu la mesure des résultats pratiques des principales turbines établies jusqu'ici. C'est encore par les mêmes moyens que l'on s'assurera de l'efficacité de tous les nouveaux appareils de ce genre que l'on viendra à construire. On en voit donc l'utilité, nous dirons même, et sans crainte, l'importance.

V.

Nous avons posé, dans l'introduction de ce Mémoire, les principes généraux de l'application d'une modification quelconque à l'industrie. Après avoir constaté l'excellence absolue de la roue hydraulique inventée par M. Fourneyron, et, après avoir enseigné à en mesurer, dans tous les cas, l'efficacité, nous devons achever de remplir la tâche que nous nous sommes imposée, en recherchant les cas utiles de son application à l'industrie.

Nous avons établi des principes d'après lesquels nous pouvons nous guider, et dont nous ne ferons même, pour ainsi dire, qu'un emploi spécial. Il nous sera facile, au moyen d'une formule très-simple, de représenter les cas où l'application d'une turbine pourra être utile. Établissons d'abord cette formule ; en la discutant, nous en montrerons les principales conséquences.

Soient :

x, la valeur actuelle d'une usine, ou le montant du capital engagé ;

y, la somme additionnelle nécessitée pour l'établissement d'une turbine ;

a, la recette annuelle actuelle de l'usine ;

a', la recette augmentée, qui serait obtenue par l'usage de la nouvelle roue hydraulique.

De ces quantités, il est facile de connaître la seconde, y, pour toutes les circonstances. On pourrait aussi apprécier directement, pour chaque cas particulier, la valeur actuelle x de l'usine, ainsi que la recette annuelle qu'elle produit ; et l'on prendrait, pour cette dernière quantité , la moyenne des dernières années, écartant celles qui seraient par trop hors de ligne, et que des circonstances étrangères auraient pu influencer. On obtiendrait ainsi l'expression de la recette augmentée nécessaire pour qu'il y ait avantage, ou plutôt la limite au-dessous de laquelle il n'y a point avantage final. Mais cette formule, qui pourrait être avantageuse dans certains cas, n'est pas celle que nous nous proposons de rechercher ici. Établie d'après les règles que nous développerons tout à l'heure, elle serait

$$a' = \frac{ax + ay}{x}.$$

Le but principal que nous nous proposons ici, c'est de rechercher la limite, non pas de la recette à faire pour qu'il y ait avantage véritable, mais la limite de la valeur capitale de l'établissement entier. Nous trouvons déjà d'ailleurs, dans la position de la question, cet avantage que, dans le premier cas, nous avions deux quantités dépendant du cas particulier que nous considérions, — la valeur et la recette de l'usine, — tandis que, dans ce dernier cas, la recette seule est variable. Si nous voulons obtenir une formule, nous devons commencer par établir une liaison donnée entre les termes qui doivent entrer dans sa composition, pour en déduire ensuite l'expression de l'un quelconque de ces termes. Or, rappelons-nous que nous avons posé en principe que, pour qu'il y ait avantage, il fallait que l'intérêt additionnel fût, — au moins, — à la mise de fonds supplémentaire, ce que la recette ancienne est au capital primitif. Supposons cette proportion exacte, et nous aurons précisément la limite des conditions d'avantage. Posons donc :

$$a' - a : y :: a : x.$$

C'est de cette proportion que nous avons tiré la valeur de a', que nous avons donnée tout à l'heure. Cette fois, nous l'avons dit, considérons x comme l'inconnue du problème. Dans ce cas, il vient, pour la valeur de x,

$$x = \frac{ay}{a' - a}.$$

Si l'on voulait résoudre numériquement cette formule pour un exemple particulier, on se trouverait bientôt arrêté par la difficulté de connaître, à l'avance, quelle sera la valeur exacte de la recette de l'usine améliorée. Quelques considérations feront disparaître cette difficulté.

Le produit utile d'une machine quelconque est mesuré par la quantité de travail qui se trouve définitivement communiquée à l'outil ou opérateur. Toutes choses égales d'ailleurs, on pourrait donc dire que l'effet utile d'une machine, évalué à l'outil même qui exécute l'ouvrage, est proportionnel à sa recette moyenne ou régulière.

Nous savons fort bien que cette proportionnalité n'est pas une loi nécessaire ni de la mécanique, n de l'économie industrielles; nous savons fort bien que cette loi n'est qu'approchée, qu'approximative; mais cependant, voyons si ce n'est pas la plus naturelle, la plus simple et la plus exacte des hypothèses que l'on peut former, pour présumer la recette de l'usine améliorée.

Quoi de plus naturel et de plus simple, en effet, que mesurer la recette que fournit un produit, d'après la quantité de ce produit, — toujours supposé de qualité identique ! — quoi de plus naturel et de plus simple qu'estimer la quantité du produit formé, par la somme de travail employée à le façonner !

Quoi de plus exact que rapporter la recette à cette somme de travail, la fin aux moyens ! Nous savons que l'on peut établir, contre l'hypothèse que nous établissons ici, une foule d'objections tirées de la modification du prix des produits, de la facilité de leur écoulement. Mais qui peut prévoir, d'une manière rigoureuse, l'influence de tous ces faits ? qui peut vouloir faire entrer, dans des calculs de dépense, des considérations de localité et d'opportunité ? Nous l'avons déjà dit dans l'introduction de ce Mémoire, nous ne pouvons apprécier avec quelque exactitude que certaines parties du problème, et nous devons laisser les autres au jugement des hommes compétents qui sont à même de connaître les éléments spéciaux de la question.

Nous croyons donc être dans le vrai lorsque nous soutenons que la proportionnalité entre la recette à attendre d'une usine et l'effet utile produit par son moteur, est la supposition la plus naturelle, la plus simple et la plus exacte que l'on puisse faire dans cette question.

Nous parlions tout à l'heure de l'effet utile net, c'est-à-dire de l'effet utile mesuré sur l'outil lui-même. Une comparaison entre de tels nombres entraînerait nécessairement des difficultés, et nous rejetterait dans ces cas particuliers dont nous nous efforçons de sortir ; car il faudrait tenir compte, à partir de l'effet utile mesuré sur le moteur lui-même, des frottements variables suivant les appareils.

Il faudrait pouvoir comparer entre elles les quantités d'effet utile évaluées au moteur lui-même. Nous parlons ici du changement, du remplacement de la roue motrice. Dans le cas présent, l'erreur résultant du passage de l'un de ces éléments à l'autre serait-elle notable, et surtout dans quel sens exercerait-elle son action ?

Nous avons déjà fait remarquer que la concordance de vitesse entre la roue hydraulique et l'outil lui-même, pour les usines qui emploient des turbines, permet la simplification des organes intermédiaires, et quelquefois même leur suppression complète. L'erreur peut donc, à la vérité, être assez forte, assez appréciable ; mais elle serait tout entière au désavantage des turbines, et en faveur des anciens systèmes de roue.

Eh bien ! nous voulons bien consentir à nous placer dans cette position désavantageuse; poursuivons la résolution du problème.

Nous allons substituer aux recettes les valeurs de l'effet utile. Cette substitution, du reste, ayant lieu à cause d'une proportionnalité que nous supposons, ne peut altérer, en aucune manière, les valeurs des autres termes.

Appelons e l'effet utile produit par la machine ancienne, le travail effectif de la roue actuellement usitée, et e' l'effet utile donné par la turbine. Cette dernière valeur, qui est variable légèrement, suivant les circonstances, pourra être prise moyennement égale à 0,75. Nous remplacerons donc a par e, et a' par e' respectivement, dans la formule préétablie,

$$x = \frac{ay}{a' - a};$$

cette formule se transforme donc en celle-ci :

$$x = \frac{ey}{e' - e} = \frac{ey}{0,75 - e}.$$

Il est bien évident que la seule quantité qui, dans l'expression de x, soit encore variable, est le nombre e; mais, remarquons-le bien, ce nombre ne dépend plus de l'usine quelconque dont il s'agit, mais seulement de la roue motrice dont on fait usage. Supposons donc qu'il soit question de remplacer une roue verticale à palettes par une turbine, et fixons à 1000 francs le coût de cette dernière,—frais d'établissement, d'installation compris. L'effet utile des meilleures roues à palettes de ce genre s'élève bien rarement à 0,70; le plus souvent, nous dirons même presque toujours, il atteint à peine 0,50. Adoptons successivement 0,60 et 0,70, et nous trouverons, pour valeurs correspondantes de x,

$$e = 0,60. \quad . \quad . \quad . \quad x = 4000,$$
$$e = 0,70. \quad . \quad . \quad . \quad x = 14000.$$

Livrons-nous maintenant à une discussion générale de cette formule. Dans ce but, mettons-la sous la forme

$$x = \frac{e}{0,75 - e} \cdot y,$$

et considérons tour à tour e et y comme variables, tandis que l'autre de ces deux quantités demeure constante.

1° e étant regardé comme variable. — La valeur de x croît avec celle de e dans une proportion très-rapide.

2° y étant la variable, et e la constante. — La

valeur de x suit une marche exactement propor-
tionnelle à celle de y.

Ces premiers faits posés, cherchons-en l'application pratique. A égalité de frais de construction
et d'installation de la turbine, l'usine à laquelle on
l'appliquera doit avoir une valeur d'autant plus
élevée que sa roue motrice actuelle est meilleure ;
et cela se conçoit aisément, car serait-il bien utile
de faire de grandes dépenses pour obtenir un petit
avantage ? D'un autre côté, entre deux établissements qui emploient des roues motrices d'efficacité
égale, la valeur de celui qui adopte la turbine peut
baisser d'autant plus que celle-ci coûte moins cher
à se procurer. C'est ce que le bon sens nous dit
tous les jours. Qui serait assez irréfléchi pour
doubler la valeur de son usine, pour y engager un
capital *double*, dans le but d'en obtenir, par
exemple, un *dixième* de produits de plus ?

C'est à de telles erreurs que l'on s'exposerait, si
l'on ne considérait que le *dixième* de produits en
sus. C'est à ce seul point cependant que se sont ar-
rêtés jusqu'ici presque tous ceux qui ont préconisé
des améliorations industrielles. Les industriels qui
ont été assez imprudents pour suivre leurs conseils,
sans examen ultérieur, ont été souvent victimes de
leur précipitation. De là cette froideur, cette insouciance, cette répugnance même que l'on a bientôt

rencontrée partout pour toutes les améliorations.
On les comprit toutes dans l'appréhension générale
qui était née. On avait dépassé, outré ce sage bon
sens que nous invoquions tout à l'heure. Ne serait-il
pas utile d'éviter et cette folle confiance et ces
préjugés?

La difficulté en toutes choses, c'est d'agir toujours convenablement, sans tomber dans un excès,
ni dans l'excès opposé. Si l'on savait toujours se
conduire de cette manière, on aurait de grandes
chances de succès, on aurait fait, du moins, tout
ce qui dépendait de soi-même. Mais ordinairement
ce n'est point ainsi que l'on agit; on montre, tour à
tour, une irréflexion ou une apathie également cou-
pables. Quelle est la cause de cette singulière manière d'être? Appliquons-nous à la rechercher; car
connaître la source d'un mal, c'est être sur la voie
pour y remédier.

Nous pensons que ces déterminations non utiles,
mauvaises en elles-mêmes le plus souvent, ne doivent être prises par les entrepreneurs que faute de
posséder les moyens d'étudier la question et de la
décider en connaissance de cause. Presque toujours,
en effet, après être demeuré incertain si l'on em-
ploierait tel ou tel appareil, tel ou tel procédé, dans
le cas où l'on vient à l'adopter, on doute soi-même
des résultats qu'on pourra en retirer; on ne connaît

aucune règle sûre pour résoudre un semblable problème, et, dans la difficulté où l'on se trouve de s'appuyer sur le raisonnement, on a recours à des témoignages dont on peut, presque à volonté, altérer la valeur intrinsèque ou récuser la validité. Eût-on même l'intention réelle de s'éclairer, on n'en possède pas complétement les moyens. De là cette incertitude, cette indécision, cette crainte ou cet engouement. Dans tous les cas, il y a tort véritable pour l'industrie.

Le moyen le plus efficace devait donc être de chercher les règles fixes et sûres d'après lesquelles on peut se guider dans de tels cas. Il fallait faire un premier pas pour plier à une espèce d'analyse, et soumettre à une sorte de calcul rigoureux les premières considérations qui, — hors de l'amélioration considérée en elle-même, — se présentaient. Ces considérations étaient les considérations de dépenses. On a vu avec quel développement nous en avons traité, et nous nous estimerions heureux si nous pouvions avoir commencé à remplir la lacune indiquée.

Cependant, après les questions de dépense immédiate, se présentent les questions de temps et de lieu. Nous ne doutons pas qu'en les analysant à leur tour minutieusement, on ne puisse parvenir à en découvrir les éléments, à les lier ensemble, et à en tirer de véritables expressions algébriques, susceptibles de donner, avec toute la rigueur des chiffres, une solution du problème. Nous n'avons osé entreprendre encore, dans une route si neuve, une carrière aussi longue à parcourir, aussi compliquée. Nous nous sommes arrêté après le premier pas fait.

Déjà toutefois on peut, d'après ce que nous avons dit, s'éclairer sur bien des questions industrielles. Nous avons fourni aux entrepreneurs ces règles sûres et claires au moyen desquelles ils pourront résoudre la base principale, la question fondamentale, celle de la dépense immédiate. Nous avons laissé ensuite, à chacun d'eux, à estimer, pour le cas particulier où il se trouve placé, l'influence des circonstances diverses qui l'entourent. — Nous avons montré aux entrepreneurs les avantages absolus des turbines, et nous leur avons fait connaître les principes de leur construction, de leur installation, le calcul des effets mécaniques de ces roues, et les moyens de les soumettre aux épreuves de l'expérience. Nous leur avons dit ensuite comment ils pourraient juger, en comparant l'efficacité de leurs roues hydrauliques actuelles à celle des turbines, et la valeur du capital engagé qu'ils exploitent au coût de la turbine, comment ils pourraient juger des cas d'application qui, sous le rapport de la dépense immédiate, seraient réellement avantageux. Ils ne doivent plus considérer eux-mêmes que les questions de lieu et de temps. — Notre tâche est accomplie. A eux maintenant à remplir la leur.

FIN.

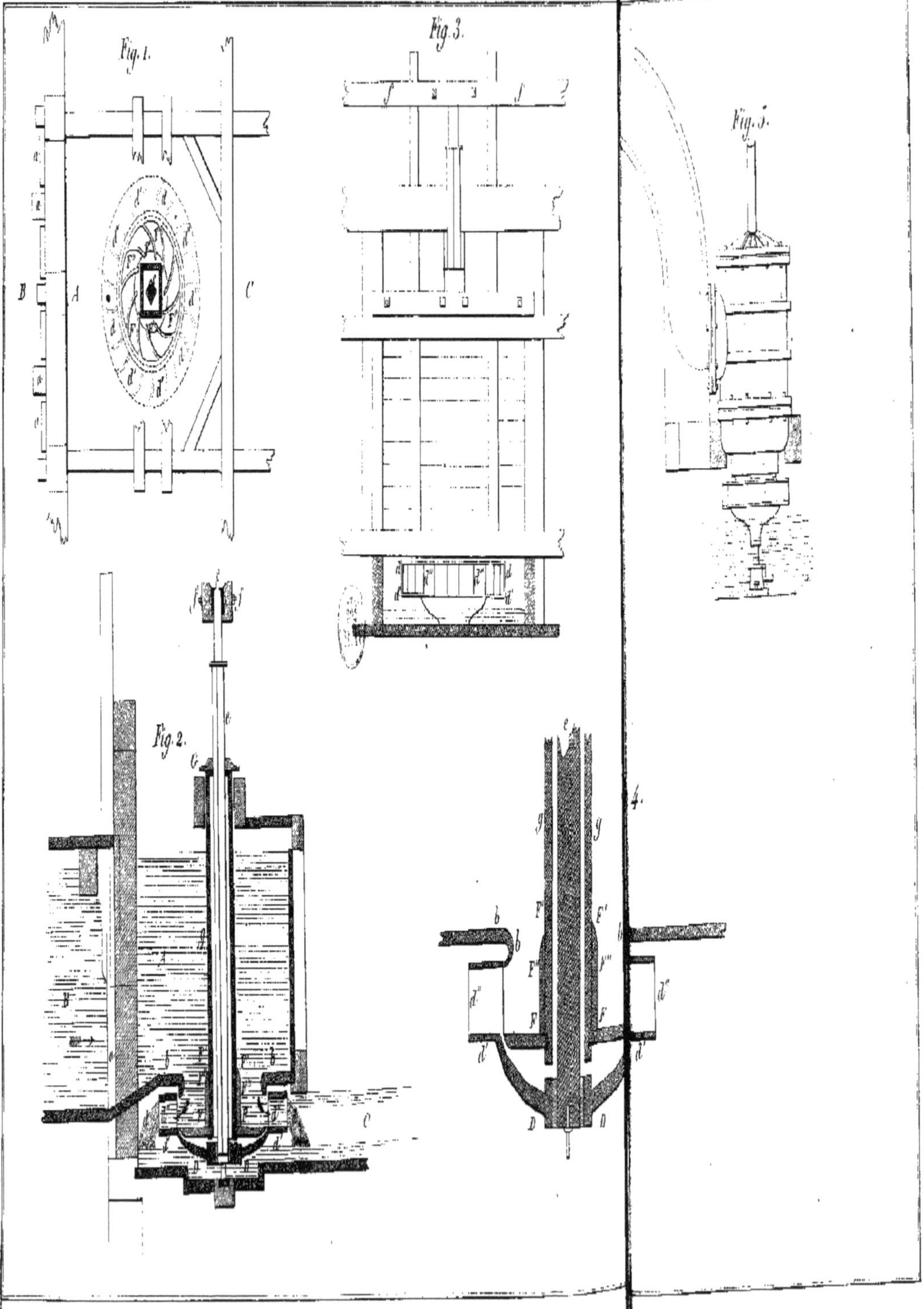

Fig. 1.

Fig. 3.

Fig. 5.

Fig. 2.

Fig. 4.

9 782329 753256